감정이
각도를
잃으면

정신은
온도를
잃는다

모든 인간에게는 교육이 필요한 때가 있다.

질투는 어리석음이고 모방은 멸망이라는 사실을 알기 위해서,
좋을 때나 나쁠 때나 자신의 몫을 받아들여야 한다는 사실을 알기 위해서,
그리고 드넓은 우주는 좋은 것들로 가득하지만
자기몫으로 주어진 땅에서 그저 밭을 가는 수고를 하지 않고는
옥수수 낟알 하나도 절대 얻을 수 없다는 확신에 이를 때가 바로 그 때이다.

(중략)

우리 안에 존재하는 힘은 완전히 새로운 것이며,
우리가 무엇을 할 수 있는지는 다른 누구도 아닌
오직 자기 자신밖에 모른다.
또한 자기 자신도 스스로 도전해보기 전까지는
그 어떤 것도 알 수 없다.

(중략)

신은 겁쟁이를 통해서는
결코 그 어떤 일도 시도하지 않는다.

- 랄프 왈도 에머슨 -

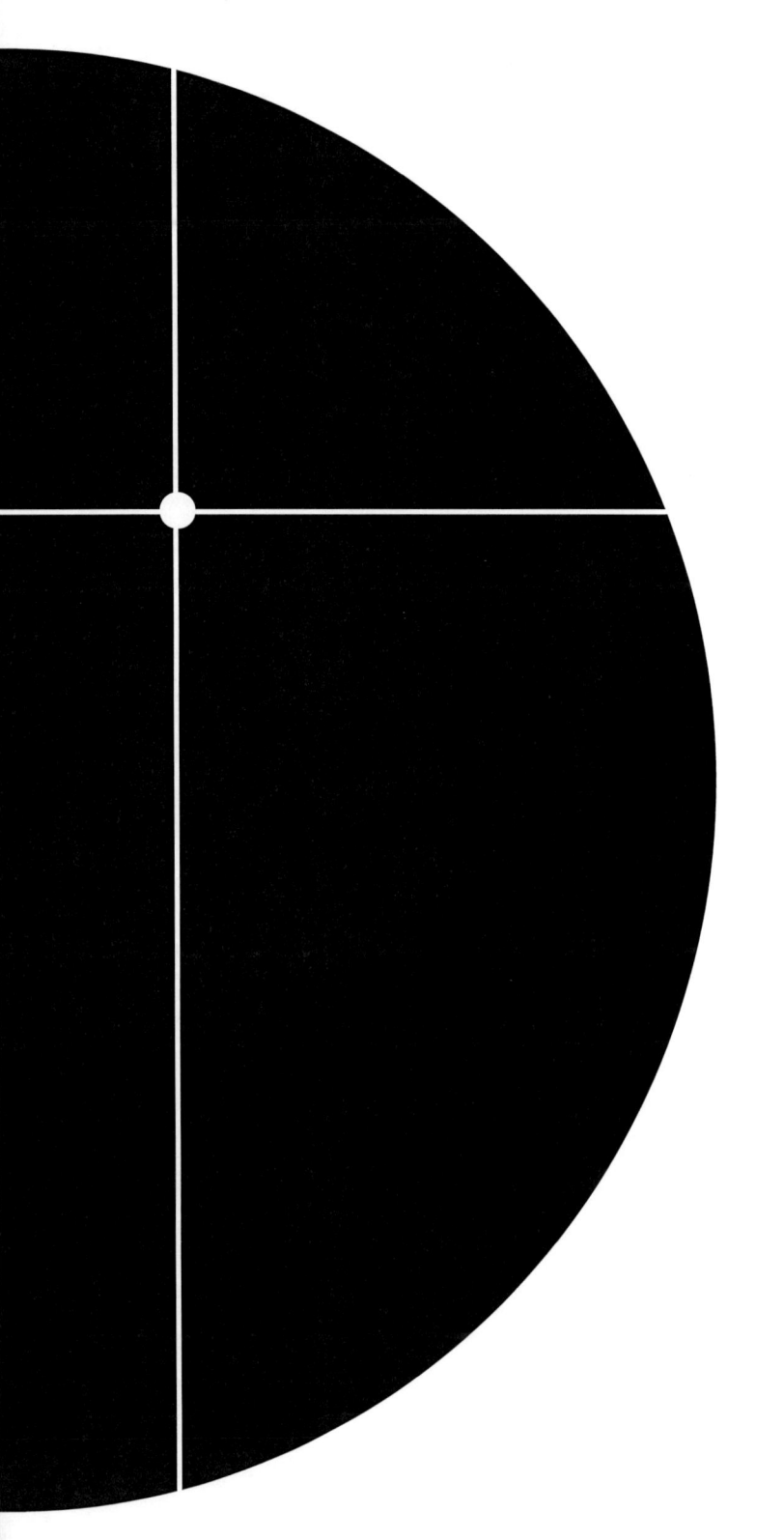

본 에세이는
2019년 2월 19일부터 7년간 매일 읽은 새벽 독서로부터의 지식과 영감을
2022년 8월 18일부터 3년간 매일 에세이로 풀어낸 소고(小考)들입니다.

이성과 감정으로 인간을 탐구, 삶의 원리와 성찰을 담은 본 글은
이성 편, [감정이 각도를 잃으면 정신은 온도를 잃는다]와
감정 편, [관계의 발작과 경련],
2권으로 출간되었습니다.

인간으로, 어른으로, 엄마로, 교육자로, 작가로의 제 삶에 대한 진한 토로와 깊은 성찰, 무한한 잠재의 민낯이 고스란히 담긴 저의 글이 저와 같이 인간을 알고 이해하고 현상을 해석하고 진리를 탐구하고자 하는 모든 독자, 특히 글 쓰는 작가들에게 꼭 필요한 효모가 되길 간절히 바라는 마음입니다.

출간까지 격려와 응원을 아끼지 않았던 건율원 식구들, 새벽독서 동반자들, 저의 에세이 한편한편에 소중한 댓글로 마음을 보내주신 독자들께 깊은 감사를 드립니다. 아울러 저의 글 한줄한줄을 깊게 이해하며 디자인과 그림으로 표현하려 수개월간 애써주신 정근아, 이화정 작가, 꼭 책이 되어야 할 글이라 독려해 주시어 출간을 맘먹게 해주신 김경숙 시인께 그 누구보다 감사를 드립니다. 또한, 글 쓰느라 제대로 관심 주지 못한 가족, 그럼에도 불구하고 글 쓰는 엄마를 더 믿어주고 사랑해 준 딸과 아들에게 무한한 고마움을 담아 이 책을 선사합니다.

2025. 09. 03
김 주 원

프롤로그

'정신'에 대하여 - 정신의 실체를 고발합니다!	12
'대가와 보상'에 대하여 - 계산서와 영수증	20
'나약한 정신'에 대하여 - '나약한 정신'이 가는 길	26
'신념'에 대하여 - 인생궤도를 위한 정신활동의 역동성	38
'한계'에 대하여 - 이상하다... 알았다. 괜찮다.	44
'지식탐구'에 대하여 - 이제 정신의 깁스를 풀어야겠다.	50
'깨달음'에 대하여 - 지각(知覺)의 질적혁명	56
'원리와 원칙'에 대하여 - 혼란스러워요!	66
'조화'에 대하여 - 내가 하나의 점이 되는 순간, 세상은 구(球)로!	72
'앎'에 대하여 - 감정이 각도를 잃으면 정신은 온도를 잃는다.	80
'이성'에 대하여 - 이성의 절름발이면 안 되지.	86
'교육'에 대하여 - 내 인생이 날 낙마시킬 '훈련되지 않은 말'이라면?	96
'독서'에 대하여 - 새벽독서, 결코 멈출 수 없는 이유	106
'지금'에 대하여 - 바늘에 찔릴 지 나는 몰랐다.	114
'워라벨'에 대하여 - 탓할 것이 지천이니 타협도 지천이지.	118
'성장'에 대하여 - '선택하는'이 아니라 '선택되어지는'	128
'관계'에 대하여 - 관계의 선(線) - 딱! 여기까지만!	136
'부'에 대하여 - '부와 성공'에 대한 2가지 기준	142
'오만과 겸손'에 대하여 - 내 뒤에 숨었다가 찰나에만 등장하는!	148

'위선과 정의'에 대하여 - 왜? 왜? 왜 그래야 하는가?   153
'인연'에 대하여 - 악연에 치가 떨리든 호연에 심장이 두근대든 매한가지   158
'세월'에 대하여 - 중년의 나에게 당부한다, 아니 명령한다.   162
'채무'에 대하여 - 빚부터 갚고! ZERO로 살기.   167
'기본자세'에 대하여 - 칼부터 갈고   170
'책임'에 대하여 - 위대(偉大)한 책임 앞에서   180
'소신'에 대하여 - 이리 생겼으니 이리 살아야지.   189
'자유'에 대하여 - 자유(自有)로 말미암아 자유(自由)로운   192
'소통'에 대하여 - 소리의 진통에서 소리의 통로로   198
'문제해결'에 대하여 - 신에게 맞짱뜨기   204
'변화와 습관'에 대하여 - 내 골통에 설사제를!   214
'평범'에 대하여 - 전구~~~~~~욱! 노래자랑!   218
'공존'에 대하여 - 널 가여워하지 않겠다!   222
'신성한 무관심'에 대하여 - 난감한 것인지 경계인 것인지   228
'글쓰기'에 대하여 - 궤도를 분절시키지 않으면 전체 궤도를 이을 수 없기에   231
'사유와 사색'에 대하여 - 책, 글, 길, 그리고 나   239
'본질'에 대하여 - 거둬라   247
'잠과 꿈'에 대하여 - 신비는 공리를 초월한다.   251
'근성'에 대하여 - 나는 차 막히는 터널이 좋다.   256
'시간'에 대하여 - 시력(視力)이 시력(時力)으로 시력(時力)이 지력(知力)으로   260
'나'에 대하여 - 1글자에 나를 담다.   267

'정신'에 대하여

정신의 실체를 고발합니다!

'잘', '제대로' 살기 위해 '나'를 알고 싶어졌고 '나'를 알려니 '인간'을 먼저 알아야 했고 '인간'을 알려니 인간이 '이성적' 동물이라는데 '이성'이 뭔지 알아야 했고 '이성'을 알기 위해 인간의 몸이 어떻게 구성되어 있는지, 이성과 비스무리한 정신은, 지식은, 지성은, 지각은, 인식은, 지혜는, 의식은... 아... 보이지 않지만 나를 지배하고 나를 움직이는 추동체들의 정체를 알아야만 했다. 하나씩 파고 들어보니 이 '정신'이란 녀석이 꽤 재미난 속성을 지녔기에 나름의 방식으로 정리해본다.

고집불통이다.
이 녀석은 분간도 하기 전에 강하게 내리 박힌 것을 빼낼 줄을 모른다. 게다가 박힌 놈은 엄청난 속도로 스스로를 단련시켜 고정관념으로까지 빠르게 진화해대니... 정신이라는 공간에는 이미 자리잡힌 잡것들이 수두룩할 듯. 그러니 이 잡것들이 자리잡는 속도보다 더 빠른 속도로 새로운 지식이 투입되지 않으면 큰일난다. 더 신속하게 더 촘촘하게 더 자극적으로 자리잡으려는 것을 방해하고 흩어놔야만 한다.

결코 머물게 해서는 안 될 2마리의 반려견, 편견과 선입견. 이 녀석들은 도대체 뭘 먹여 키우길래 그토록 힘이 센지 한번 자리를 틀면 어지간해서는 움직이지 않는다. 훈련소에 보내 그 못된 성질을 고쳐야 하나. 아니면, 스스로 소진될 때까지 기다려야 하나, 이도저도 아니면, 강한 가격으로라도 깨부숴야 하나.

고마운 줄을 모른다.
정신은 신체가 이리 먹여주고 키워주는데도 늘 뛰쳐 나간다. 그것도 허락없이. 세상이 그리 모든 것들을 다 알려 주는데도 못 알아듣고 엄한 구덩이에 빠져 허우적대기 일쑤다. 그래서 '정신 빠진'이라 하나보다. 게다가 정신의 눈은 지금보다 더 좋은 것을 바라면서도 막상 그것이 손에 닿으면 자만에 빠져 곧장 다른 걸 찾아 자리를 이탈한다. 육체에도, 사물에도, 세상에도 고마운 줄 모르고 계속 바라기만 하는 자만한 녀석. 그래도 가끔 혼쭐나면 자기 자리를 찾아 돌아온다. 정신 차리는 것이다. 정신 빠진 놈 소리도, 정신 차리라는 소리도 듣지 않도록 혼쭐나기 전에 알아서 제자리로 찾아오면 좋으련데 말이다.

인간 외의 모든 생명들을 살펴보자.
발가벗고 태어나 누구의, 무엇의 도움없이는 결코 생존할 수 없어 울어 제치는 인간과는 달리 모든 생명있는 것들은 인간처럼 그 때만 유용한 유아어로 말을 배울 필요도, 먹을 것을 기다릴 필요도, 때에 따라 걸친 의복을 변화시킬 필요도, 재산을 축적하며 잃을까 전전긍긍할 필요도, 그 어떤 필요도 없이 그저 자연에게서 모든 것을 충당한다. 그런데 인간의 정신은 스스로 필요한 것들을 이미 갖춰 충분한데도 더 많은 것들을 원하니 이를 무엇으로 설명해야 할 것인가? 욕구? 그리 말한다면, 그것은 자연에게로 돌아가고자 하는 본능 외엔 모든 것이 탐욕이라는 사실을 스스로 깨우치지 못한 정신의 부실탓일테다. 제 몫에 맞게끔 자기 자리를 지켜내지 못한 채 과하게 앞서 나가는 것으로 인해

혀에는 아부와 아첨을 담고
가슴에는 불안과 조급을 담고
손에는 잡지 말아야 할 탐욕이 잡히고
다리엔 당도치 말아야 할 땅을 밟고 서서

결국, 어울리지 말아야 할 사람과 어울리지 않는 곳에서 어울리지 않는 행색으로 살게 되니 고마운 줄 몰라 겸손하지 못한 정신은 아마도 자체적으로 서서히 파괴의 길로 들어설지도 모른다. 자연이 정해준 궤도가 있다. 정신이야말로 이 궤도에서 어긋나지 않게, 엇나가지 않게, 모든 것에 대한 '감사'가 먼저 채워져야 하겠다.

자기 신분을 망각한다.
서야 할 자리에 제대로 서 있어 줘야, 제대로 명령을 내려줘야, 제대로 지휘해 줘야 명령받고 움직이는 혀도, 바삐 달리던 다리도 제 보폭을 조율할 텐데, 잔잔하다 출렁이다 격하게 뛰는 가슴이 엉뚱한 데서 엉뚱한 박자로 뛰지 않을 텐데, 세상이 주는 메세지에, 세상으로 내보내야 할 에너지에 맑은 길을 내어줄 텐데... 조금만 타격이 와도 이리 휘청 저리 휘청. 제발 자기 위치에 딱 서서 제대로 명을 내리도록 자주 세정(洗淨)시켜줄 수밖에. 세정되지 않는 정신은 분명히 영혼의 자극을 제대로 받았는데, 분명히 신체도 준비 끝

내고 대기 중인데 계속 삐딱선을 탄다.
도대체 무엇을 의심하고 무엇을 두려워하고 무엇을 걱정하는지...
도대체 무엇에 미련두고 원망하고 재단하고 재고하는지...
도대체 무엇이 이 녀석에게 불치 바이러스를 전염시켰는지...

자기 신분을 망각한 정신은
책임도 없고 의무도 망각한 채 주인의 삶을 그저 연명에 자족하도록 이끈다.

신뢰에 인색하다.
분명 귀가 그간 듣지 못한 것을 내 안에 들였고, 그간 느끼지 못한 것에 가슴이 출렁였고, 그간 담지 말아야 할 것을 눈에 담았고, 그간 외면하던 것을 손에 부여잡았음에도 정신이란 녀석은 그것을 신뢰하지 못하고 지속적으로 의심해댄다. 물론, 그 몹쓸 버릇이 위험으로부터 모든 신체를 보호할 때도 있지만 이 녀석이 수족으로 데리고 있는 오감들이 이성보다 더 본능으로 증명해낸 것이라면 정신 안에 있는 관념, 이성이라는 정체를 외면하고 그저 감각으로부터의 신호를 신뢰해도 좋으련만...

어찌할까? 군이 '현상'이라는 사태에 부딪혀야만 감각을 믿을 것인가? 분명 말하자면, '현상'은 정신에 담겨 있는 이성을 파열시켜 파멸로 몰고 가야만 정신이 자신을 버리고 순한 양이 되어 감각에 순종할 것을 알기에...

경고하건데,
정신이 신뢰하지 못하는 감각의 본능은 사태로서 신뢰에 이르리라.

가끔 사기도 친다.

정신이 자신을 과신하는 것은 아마도 '인간은 이성적 동물'이라는 명제때문일테다. 이성적 사고는 정신의 수준과 깊이, 질서에 따라 좌우되는데도 불구하고 '생각'이 '이성적 사고'인 줄 착각하는 것이다. '이성'이 제대로 기능한다는 것은 사고의 양과 질, 사유의 깊이에 따라 바보와 천재를 가릴만큼 그 범주가 우주만큼일텐데, 그러니까 이성적 사고에는 비이성적 사고도 함유된다는 것을, 합리에는 비합리도 충족시켜야만 합리인 것을 알아야만 할텐데... 비이성을 배제한 이성, 비합리를 외면한 합리만이 '이성적 사고'라 사기치니 이러한 정신은 자신의 주인을 삶의 구렁텅이에 빠뜨리고야 마는 고약한 정신인 것이다.

양이 부족하면 양을 채워야 할터인데 부족한 양을 채우기는커녕 부족한 양으로 절름거리며 바삐 움직이니 수렁에 빠지고 빠진 수렁에서 더 허우적대다 결국 삶의 늪에서 빠져나올 수 없는... 그러니 정신은 빠지지 않게 '줄'을 제대로 잡고 있는지 점검해야 할 것이다.

'정신줄'말이다.
놔야 할 곳에서는 놓고
잡아야 할 곳에서는 잡아야 한다.

이러한 정신이어야 지식, 이성, 지성이라 불리는 자신의 동료들이 범하는 오류에서 주인이 헤매지 않도록 책임을 다하는 것이다. 정신의 한쪽에 자리틀고 앉은 과거경험에만 또는 누구누구 학자들의 이론에만 근거한다면 이는 분명 정신이 주인을 상대로 사기치는 것이라고밖에 말할 수 없다.

'지난 경험'에의 의존이 미래의 이윤으로 환원될 것이라는 과도한 사기행각은 이제 그만. 직접이든 간접이든 정신에 쌓인 이론이 작금의 현실을 나아지게 할 것이라는 사기도 그만. 정신은 모든 순간에서 잠깐 제자리에 멈춰 새로운 지식인지 낡은 지식인지, 이성이 함유하고 있는 인식과 관념에 도전해야 하는지 항복해야 하는지 판단해야 할 것이다. **세상은 결코 지나간 과거로, 남의 것으로 인간에게 지혜를 주지 않는다.** 누구에게나 자신의 길이 있으니 정신은 잡고 있던 인식의 줄을 놓고 영혼의 줄을 단단히 부여잡아야 할 것이다.

삶의 작은 부분을 바꾸면 우리의 인생이
완전히 달라질 것이라는 생각은 어린아이나 하는 것이다. (중략)
우리는 모두 희망하는 일을 이루고 싶어 한다[1].

당부하건데 가끔, 아니 자주 정신의 속셈을 의심하고 결코 놀라지 않아야겠다. 눈과 귀가 정신을 이길 때가 종종 있다. 보이는 것만을 믿으려 할 것이고 들리는 것을 가려내지 못한 채 있는 그대로의 실체만을 쫒는 바보같은 짓을 할 때가 있다. 보이는 것만 보고 들리는 것만 듣는 정신은 수치스럽다. 이 때 정신이 이들에게 패해서는 안될 것이다. 기존의 인식을 파괴할 정신을 지닌 위대한 전사는 지치지 않는다. 의심하는 정신이 의심없는 정신을 지배하도록 제발 제대로 줄을 잡고 있는지 확인해야 할 것이다.

또한, 세상이 가끔 정신이 번쩍 들도록 놀래키기도 하겠지만 결코 그런 일에 흔들려서도 안될 것이다. 신체가 받는 수많은 위협적인 사태들로 가끔 정신이 혼미하기도 하겠지만 이는 결코 정신을 경멸하려거나 저 아래로 떨구기

---

[1] 살아갈 날들을 위한 공부, 레프톨스토이, 조화로운 삶

위함이 아니라 오히려 정신으로 새로운 세계가 진입하려는 시도라 여겨야 한다. 움찔 놀라서 주춤거리는 쫄보가 되어서는 안될 것이다.

감정에 조롱당하지 않는 정신,
사태에 쫄아버리지 않는 정신,
영혼에 이기려하지 않는 정신.

신체와 영혼의 매개체로 자기 자리를 지키는 정신이라면
충분히 세상의 위기와 위협으로부터 주인의 삶을 지켜줄
위력있는 전사의 정신인 것이다.

그래도 고맙다.
휘청대는 것이야 바람이 강하니 어쩔 수 없다 치고
삐딱하게 구는 것이야 '지랄총량의 법칙'을 준수했기 때문이라 치고
자리를 이탈하는 것이야 지체보다 더 큰 타격때문이라 치고
신뢰에 인색한 것도 사태를 겪어보지 않은 무지때문이라 치고
과한 것에도 보폭조절이 난감한 때가 있어서라고 치자.

휘청대다 삐딱하다 급기야 자리를 이탈해 의심병과 탐욕과 나태에 괴롭더라도 책임감있게 서야 할 그 자리로 다시 되돌아와 신체와 영혼의 연결과 연동, 연합에 사기치지 않고 지장주지 않으니 참 고맙다.

끝까지 버텨야 할 명확한 이유를 알려주마.
정신의 주인인 나는 오늘 나의 정신에게 명령하겠다. 나의 영혼이 내 숨결

을 모두 세상에 뿌리는 그 순간까지 끝까지 버텨야만 한다. 신체가 잠으로 쉴 때조차 수많은 상(像)들이 정신을 쉬지 못하게 하더라도 버텨야만 한다.

정신이 결코 망가지면 안되는 이유는 명확하다.
정신이 굳어지면 영혼의 자극이 들어갈 틈이 없어 맑아야 할 영혼은 혼탁하다 곪고 썩어 혀는 몹쓸 말들을 뱉어낼 것이고 눈과 귀는 분별없는 흡입을 해댈 것이며 내달리던 피도 덩달아 자신들의 통로를 막아버리고 이성은 불구가 되어 삶을 제대로 안내하지 못하니... 결국 뇌부터 손과 발, 혀를 비롯한 모든 신체가 주인의 삶을 농락할 것이기 때문이다.

이로써 지금까지 키워온 주인의 모든 이력의 결과들이 한 순간에 어딘가에서 탕진될 터이니 **신체가 쓰러져도 정신은 살아있어야만 한다.** 신체가 살아있는 동안 정신을 키워준 그 몫까지 해낼 정도로 정신은 강인하게 끝까지 버텨줘야만 한다. 그렇게 신체는 시간과 비례하여 노쇠의 길을 가더라도 정신만큼은 미동없이 제 자리를 지키고서!!!

끝까지 주인의 삶.이 아름답게 피어나도록 지켜내야만 한다.
끝까지 주인의 인.간.다.움.을 흐트러뜨리지 않아야만 한다.
끝까지 주인의 쓰.임.이 세상에 유용하도록 증명해내야만 한다.

그러니,
정신 너는!
주인인 나의 허락이 떨어져야 나에게서 해방되는,
그런 존재여야만 하겠다.

'대가와 보상'에 대하여
계산서와 영수증

너무나 익숙한 말, 삶은 선택의 연속, 선택이 모여 내 인생!
결국, 냉정하지만! 지금 내가 서 있는 이 자리는 내 선택들의 결과!

아! 잠깐 여기서!
'어쩔 수 없는 선택'도 있잖아?' 하며 의문을 가질 수도 있겠지만
'어쩔 수 없는 선택'은 '어쩔 수 없는 선택을 안 하는 선택'도 있기에
태어나는 것 외에는 모두 내가 선택한 결과다.

매 순간순간의 선택 앞에서 나는 절대적으로 기준삼는 **원리**가 있다.
이러한 기준을 갖고 산지가…
2008년경부터였으니…
이는 나의 삶에 아주 익숙한 선택의 기준이 되어주는 원리로 자리잡혀 있다.
원리에 대한 공부가 조금씩 체화되던 2011년경부터, 그러니까 '삶'에 대한
공부를 좀 더 깊이있게 시작했을 때, 당시 초등학생이었던 아들딸에게도 숙지시켰고. 그래선지, 아들딸 역시 계산서를 먼저 치르고 영수증을 착착 쌓아가는 삶을 사는 듯하여 내가 한 공부 중 가장 잘 한 공부이며 내가 아이들에

게 가장 제대로 남긴 정신의 유산이라 감히 말할 수 있겠다.

이 원리는 소크라테스가 중용이라, 에머슨이 보상의 법칙이라, 뤼디거 달케가 운명의 법칙이라, 나폴레온 힐이 황금률이라, 쇼펜하우어가 의지와 표상이라, 칼융이 그림자이론이라, 귀곡자는 패합술로, 올더스 헉슬리는 영혼의 철학에서 언급했던, 그러니까 이 모든 주장들의 통합체라 감히 말할 수 있다.

2019년부터 새벽독서를 시작하기 전까지 다소 맞지 않는 어설픈 퍼즐처럼 꿰고 있던 이 원리가 성현들의 책을 읽어 내려가며 제대로 서로 모양을 맞춘 듯, 잘 맞는 옷처럼 내 삶의 궤를 만들고 있다.

수많은 학자와 철학자들이 검증한, 책을 통해 숙지한 것들에 숟가락 하나 살포시 얹는 미숙한 정립이겠지만 모든 '정립'과 '체계'에는 시간과 현상이 결합하여 '계보'라 불리는 연결로 자체완성도를 취하듯 성현들을 이해해가며 나의 이성도 이 계보를 따르는 것이 응당 배우는 자의 당연한 처사라 설레이고 기쁘다.

실제 나는 원리에 대한 탐구의 과정만큼 지적 에피파니를 격렬하게 느낀 적이 없다. 또한 이 원리는 내 삶을 내가 이끌 수 있는 가장 든든한 힘이 되어 있다. 따라서, 지금 이 글은 나에게, 나의 아이들에게, 또한 함께 새벽독서를 하는 나의 동반자들에게 전하고 권하고 함께 체화시키고자 하는 의도가 아주 다분하고 내 모든 글의 기저에는 이 원리가 농축되어 담기기도, 녹아 들어있다. 이 원리는 나의 지성의 토대다.

가야할 곳을 먼저 가고, 가고 싶은 곳은 나중에
봐야할 곳을 먼저 보고, 보고 싶은 곳은 나중에
해야할 말을 먼저 하고, 하고 싶은 말은 나중에
먹어야 할 것을 먼저 먹고, 먹고 싶은 것은 나중에
들어야 할 말을 먼저 듣고, 듣고 싶은 말은 나중에
읽어야 할 책을 먼저 읽고, 읽고 싶은 책은 나중에
잡아야 할 것을 먼저 잡고, 잡고 싶은 것은 나중에
배워야 할 것을 먼저 배우고, 배우고 싶은 것은 나중에
써야할 것을 먼저 쓰고, 쓰고 싶은 것은 나중에
줘야 할 것을 먼저 주고, 주고 싶은 것은 나중에
이해할 것을 먼저 이해하고, 이해시키고 싶은 것은 나중에

한마디로,
해야할 것을 먼저 하고,
하고 싶은 것은 나중에

전자는 의무, 후자는 권리
전자는 대가, 후자는 보상
전자는 구속, 후자는 자유
전자는 필수, 후자는 선택

나는 간단히
전자는 계산서, 후자는 영수증이라 칭한다.

계산서가 쌓이면 부채가, 영수증이 쌓이면 여유가,
계산서가 쌓이면 악순환, 영수증이 쌓이면 선순환.
계산서가 밀리면 쫓기는 삶. 영수증이 쌓이면 여유있는 삶.
계산서가 쌓이면 예측불가한 삶. 영수증이 쌓이면 대안있는 삶.

원리는 결코 거꾸로 가서는 안된다. 아니, 갈 수 없다. 순행하면 영수증이, 역행하면 계산서만 가득하다. 이치는, 원리는, 순리에 따라 정해진 길로 흐른다. 그렇게 '먼저와 나중에 행하는' 것이 쌍으로 묶여 점이 되고 그 점이 다른 점과 연결되어 선이, 선은 원으로 이어지면서 **인생이 둥근고리의 연속인 '나선'적 진화와 조화와 성장으로 무한하게 연속, 연계, 연장**되는 것이다.

그러니 전체에서 하나의 점을 해석하는 힘,
관조의 시선으로 날카롭게 현시(顯示)된 현실의 현상을 해석하는 힘,
바로 이것이 '현상'과 '현상의 이면'을 함께 간파하는 지혜이자 통찰이자 직관이자 혜안, 안목이다.

매 순간 선택 앞에서 나는 늘 이 원리에 따라 앞서 열거한 전자를 먼저 선택한다. 한치의 망설임도 없다. 내 지성은 순리에 언제나 못 미칠 것이 뻔한데다 순리에 따르는 것이 항상 나에게 이롭다는 것 정도는 체화된 상태니까.

즉, **선택 앞에서 항상 우선적으로 치러야 할 대가와 의무를 선택하는 삶**. 단순하고도 간단한 선택 이후 나머지는 그저 내게 주어지는 대로 감사히 즐기고 누린다.

이를 통해
잃어야 얻어지고
버려야 채워지고
나가야 들어갈 수 있음을,

잃는 것이 얻음을 위한 대가이며
버리는 것이 채우기 위한 선취경험이며
나가는 것이 새로운 진입앞에 서게 되는
고통스러워도 이는 쾌락을 위해 존재하기에 치러낼 수밖에 없는,
모든 부정은 긍정을 위해 존재한다는
초긍정의 마인드로 삶을 살면 되는 것이다.

내려가면 올라가고
무너지면 쌓아지고
갈아내면 뒤덮이고
파괴하면 재건되고
소멸되야 생성되고
포기해야 집중되는
인생의 흐름에 역행하지 않고 순행하는 삶을 살게 되는 것이다.

내 능력을 믿고 사는 것이 아니라 자연의 원리에 따라 내 인생이 운용됨을 지.각.하는 삶, 대법(大法)에 순종하는 삶. 인생의 폭우 앞에서 홀딱 젖은 채 발만 동동 구르는 게 아니라 폭우 뒤에 비칠 햇살을 누릴 대가를 먼저 치르고 아울러 햇살 뒤에 또 닥칠 폭우마저도 예지하는 예측가능한 삶을 살게 되

는 것이다.

그래서, 지금 내가 해야 할 선택은!
의무, 대가, 구속이 먼저다!
이런 계산에 의해 내가 치른 대가만큼 받은 보상이
바로 지금 내가 서 있는 이 자리!

'지금 내가 서 있는 이 자리가 가장 내게 적합한 자리'[1]라는 에머슨의 명철한
지적에 옴쌀달싹 못하는, 인정할 수밖에 없는,
그럼에도 불구하고…
내일은 저 자리로 가고 싶어…
간절함의 위세로 흐르는 눈물,
자발적 구속의 무게로 떨어지는 눈물,
진정한 자애(自愛)의 자력(自力)에 쏟아지는 눈물 훔치고 삼키며

오늘도 원리에 따라
'해야 할 것' 먼저,
'하고 싶은 것 나중'의 삶으로
나를 이끈다.

---

[1] 랄프왈도에머슨, 자기신뢰철학, 동서문화사

'나약한 정신'에 대하여

'나약한 정신'이 가는 길

만약 자신의 현위치가 1이고 가야 할 목표가 10까지인데 3정도에서 머뭇거린다면, 데카르트의 명제[1]대로 다시 연역하여 1부터 2까지 어떻게 갔는지, 2부터 3까지도 1~2를 기본 경험을 토대로, 그렇게 4~10의 과정을 가면 도달할 수 있는데 대부분 그리 하지 못한다.
왜?
정신의 나약함 때문이다.
지금부터 **'나약한 정신'**이 내게 무슨 짓을 하는지 제대로 알려주겠다.

나약한 정신의 목표는
주인이 목표를 상실케 하는 것이며
이를 위해 젤 먼저 주인의 근성부터 망가뜨린다.

나약한 정신의 주인이 지닌 '근성'부터 되짚어 보면, 일단 10까지 목표를 세운다. 왜냐? **정신이 약하니 상대적으로 감정이 강하다.** 감정적으로는 저 사람도 하니 그 사람도 하고 쟤도 해냈다 하니 나도 할 수 있다고 10까지 목표

---

[1] 방법서설, 데카르트, 문예출판사

를 세운다. 하지만, 3까지만 가다 멈춘 경험으로 만들어진 나약한 근성이 3이 되면 멈추게끔 입력된 잠재의식과 손을 잡고 정신을 무너뜨리기 시작한다. 근성이 3까지이니 4는 미지의 두려운 세계다.

그러니 망설일 수밖에,
뒤돌아볼 수밖에.
따지고 우기고 자기성격 나올 수 밖에.
당연하다.
그럴 수 있다.

그런데 문제는 지금부터다. 때를 노렸던 나약한 정신이 기지개를 펴고 활동을 시작하면 대충 주인은 이렇게 행동하게 된다. 가보지 않은 4앞에서 몸에 베인 관성은 멈추라, 돌아가라 하지만 쪽팔린다. 그러니 목소리가 커지고 논리없는 이야기 저얘기 다 끌어내어 강력하게 주장한다. 아니면, 숨는다. 목표라는 것은 아예 존재하지 않은 것처럼 유야무야 그냥저냥 넘어간다. 그렇게 모두의 기억에서 자신이 소리쳤던 것이 잊혀지도록 시간을 번다. 자, 우겨서 드러내든 숨든 쪽팔리는 '감정'에 휘둘리는 정신은 감정에 처참하게 지배당하고야 만다.

그런데 시간이 지나 이를 '자신이 없었다', '어쩔 수 없었다'며 애처로움으로 마무리지으니
참... 나약한 정신은 시작부터 수월하다.

이쯤에서 조금이라도 '신독[2]'의 개념이 있는 자는 어떻게든 끙끙대 보지만 한두번의 타협으로 결국 정신이 진다. 정신의 패배는 신체가 젤 먼저 알아채고 반응한다. 아파지는 것이다. 두통이 오든 소화불량이 오든 골치아픈 일이 오든. 자, 완벽한 방어막이 생겼다. 어떤 일을 하는데 '아파서'라고 하면 대부분 아무말 못하고 일단 몸부터 챙기라 하니 아주 근사하고 완벽한 커튼 뒤에 자신을 숨길 수 있다. 어떤 도전 앞에서 아픈 것은 나약한 정신이 초장부터 바라던 바다. 이상하게 뭘 하려고만 하면 아픈 사람, 돌발상황이 생기는 사람이 있다. 결국, 나약한 정신이 올바르게 가려는 정신의 뒷덜미를 잡고 자빠뜨린 것이다. 아니면, 신체가 정신을 상대로 사기쳤거나. 나약한 정신은 이렇게 성공적으로 자기목표를 향해 더 힘차게 돌진한다.

여기가 끝이 아니다.
주춤거리는 주인은 이내 멈춰 서서 '내가 왜 10까지 간다고 해서...
내 주제에... 내가 왜 이런 걸 괜시리 도전해서...'라는 발상에 딱! 걸려든다!!!
캬~~! 이 순간!!!!
무언가가 순식간에 사라져 버린다.
바로...
꿈이다!

10을 이뤘을 때 성취하게 될, 소망하던, 원하고 바라던 그것이 사라진다. 게다가 혼자 사라지지도 않는다. 4부터 10까지의 목표도 방법도 모두 함께 안개에 가린 듯 희미하게 만들고는 곧 '언제 그랬냐'는 듯이 길을 잃게 한다. 주

---

[2] 신독(愼獨) : 자기 홀로 있을 때에도 도리에 어긋나는 일을 삼가함.

인을 길 잃은 양으로 만들어버린 나약한 정신. 1,2,3만 뱅뱅 도는 도돌이표 인생길에 주인을 가둔 이 정신은 연이어 쾌재를 보내는데 여기에 하나 더 보태어 결코 진공상태를 허용하지 않는 자연까지 나약한 정신의 주인에게 괘씸죄를 묻는다. 길을 내줬는데도 갈 줄을 모르니, 신체가 멀쩡한데 정신이 굴복하니... 그래, 그냥 나약하게 살아라! 한다. 얼쑤 신이 난 나약한 정신은 꿈과 길과 목표가 사라진 주인의 정신, 그 빈자리에 잽싸게 무언가를 채우는데, 바로바로 **'후회'**와 **'자기합리화'**, 즉 **'변명'**이다.

'나도 하려 했는데', '이러이러한 것때문에 내가 못한 것인데', '생각해보니 그건 내가 원한 것 같지도 않고'... 바보같은 자기합리화를 껌씹듯 질근거리는 탓에 관성만 더 질겨지는 어리석은 짓을 주인이 아무런 자책없이 하게 만든다. 이 때부터 나약한 정신이 이끄는 '도돌이표 인생길'은 씹다 뱉은 다양한 맛, 다양한 컬러의 '자기합리화'껌으로 장식된다. 화려한 컬러덕에 본색을 잃게 되니 이야말로 **'무지(無知)인 상태로 '무지(無地)의 길을** 걷는 것이 아니고 무엇이겠는가!

물론, 아직도 끝나지 않았다.
자기합리화가 시작되는 순간!
나약한 정신은 목표가 눈앞에 더 선명하게 보이기 시작한다.
더 박차를 가해 짜짜짠...!

주인의 본성을 가차없이 파헤치는데. 10까지 갈 수 있겠다고. 해보겠다고, 이번만큼은 성공해 내겠다고, 자기 자신을 이대로 두면 안될 것 같다고, 간절하다고, 진심이라고... 1주전, 1달전 보였던 간절함, 다짐, 각오, 선포, 기대

등등... 주인의 인격을 찢고 구겨 허공으로 던져버리는 강력한 본성,
'자만'을 등장시킨다!

10까지 가는 이들이!!
그 곳에 도달한 게 아니다. 10만큼 가기 위해 참고 기다리고 아파하며 간다. 그런데 3만큼만 가본 자기가 뭐라고 그리 빨리, 쉽게 10에 도달할 것이라 믿는단 말인가.

'자기합리화'가 진짜 '합리적'이라고 믿는 무지의 자만.
자신의 합리화에 고개 끄덕이며 속아줄 것이라 상대를 기만한 자만.
자만이 자신을 덮칠지도 몰랐던 인생 만만하게 본 자만.
도전없이 얻을 수 있으리라는, 세상의 이치를 상대로 사기친 자만.
창날을 갈지 않고도 목표에 도달할 수 있으리라는 과대망상적 자만.
창날가는 것을 수치로 여기는 사람은
실상 자신을 겁쟁이로 여기는 것 [3]인데 말이다.

'자만'이 정신과 가슴을 강타하기 시작하면 무서운 강도와 속도로 정신을 부러뜨린다. 부러진 정신은 너덜거리며 이성을 절게 하고 결국, 절뚝거리는 이성은 올바르게 판단할 기능을 잃었으니 당연히 사람들과의 관계에서도 신뢰를 잃게 된다. 어느 누구도 자만의 옷을 입은 나약한 정신에는 곁을 주지 않는다. **주인을 길 잃은 양이 되어 홀로 남게 하는 것**이 나약한 정신의 목표였으니 목표를 달성한 이 정신은 주인의 온몸을 점령한 채 더 편하게 주인의 정신을 가지고 논다.

---

3 키루스의 교육, 크세노폰, 한길사

아... 어쩌지...
여기도 끝이 아니다.
더 비참한 얘기로 이어가 보겠다.

이제 나약한 정신은 열심히 일을 하지 않아도 된다. **'자만'은 자신만 모르는 '치매'**다. 신뢰잃은 주인은 치매까지 걸렸으니 나약한 정신이 자신에게 뭘 해도 모른다. 이제 이 정신은 자동시스템을 가동시킨다. 왜냐? 우기면 상대가 알겠다 하고 큰목소리 내면 상대가 좋은 게 좋은거라 넘어가고 아프다하면 상대가 오히려 챙겨주기까지 하니 우기거나 큰소리치거나 아픈 습관으로 인생이 돌아간다. 우기거나 큰소리칠 일이 반복되고 계속 아프다. 그게 삶의 패턴이 된다. 자기가 자기모습을 보지 못하며 자기 속에 갇혀 만족하는 질병에도 걸린다.

불치에 가까운 난치병이다.
합병증은 **'자기해석'**이다.
합리와 논리와 이성이 결여된 자기만의 해석.

소통이 아닌 자기해석만,
설득이 아닌 주장만,
이성이 아닌 감정호소만,
극복이 아닌 퇴보만 줄줄이 이어져
어떤 시간의 터널을 지나고 뒤돌아보면
주변에 아무도 자신을 믿어주는 이가 없다.

그래서 퇴보는 베푸는 영혼이 없는 곳에서만 등장[4]하나 보다. 여하튼 퇴보까지 주인의 인생에 진입시켰으니 나약한 정신의 자부심은 하늘을 찌르고도 남는다! 때가 되면 성찰하고 나아지겠지? 천만에! 4까지 가는 경험을 하지 않는다면, 그 때 남는 것은 원망과 분노, 회환과 좌절감밖에 없다.

끝을 내고 싶은데 내친 김에 좀 더 얘기하자면, 치매에 불치병까지 걸린 주인은 혼자 할 수 있는 게 거의 없다. 그래서, 누구 하나를 Pick한다. 지금껏 자신에게 결코 No를 하지 않았던, 그저 착하디 착한 또는 만만한 누군가를 정해 자기 스토리를 털어 놓으며 이해를 구한다. "내가 아파서 어쩌구저쩌구. 그런데 나한테 이럴 수 있니? 너 좀 생각해봐. 어쩌구저쩌구..." 주머니 가득 넣어온 하소연과 너스레, 비교와 비난, 한탄과 원망을 마구마구 꺼낸다. 게다가 눈물까지 뚝뚝 흘리면서. 웃다 울다 한다. 그렇게 pick당해 옆에 앉은 상대는 나약한 정신대신 이 환자를 위해 열일하게 된다.

아... 도대체 이 이야기를 앞에서 들어주는 이는 왜 '괜찮다. 지금까지 참 잘 해왔다.'는 말도 안되는 호응과 위로를 해대는 것인지... 이런 사람때문에 나약한 정신의 자동시스템은 더 잘 돌아가니 이 정신은 흐뭇하기 그지 없고 몇 달 주인에게 신경쓰지 않아도 이 지극정성인 '대리인' 덕에 주인의 정신은 점점 더 나약해질 뿐 나아지지 않으리라는 확신까지 든다.

그러다 심심할 때 쯤 이왕 시작한 일 화룡점정을 찍기로 한다. 주인에 대한 목표는 충분히 이뤘으니 이제 주변을 감염시키기로 작정하는 것이다. 시대에 맞게 자신의 자동시스템을 플랫폼으로 확장, 그렇게만 된다면 이제 자신

---

[4] 차라투스트라는 이렇게 말했다. 니체, 책세상

이 나서지 않고도 나약한 정신이 하나둘 퍼져 나가는 축제를 즐길 수 있는 것이다. 긍정보다 부정이 12배 속도로 빠르게 퍼진다니 1사람만 나약한 정신을 제대로 만들어 놓으면 눈덩이처럼 불어나는 것은 시간문제다! 강인한 정신은 한번 투입하려면 엄청난 시간과 힘을 요하지만 말이다.

플랫폼에 익숙해진 현대인들답게 예상은 들어맞았다. 단순한 SNS에 떠도는 정보와 덧글만으로도 소소한 커뮤니티가 자발적으로 생성되니 생각보다 더 빠른 속도로 주변이 감염되어 간다. 이제 나약한 정신의 주인 주변은 점점 같은 정신의 소유자들로 넘쳐난다. 끼리끼리, 유유상종.은 절대진리다. '역시 진리는 통해!' 나약한 정신은 쾌재를 부른다! 부러진 정신, 절뚝거리는 이성으로 세상을 살려니 자기 속내 들어줄 이가 필요하고 누군지 모르지만 위로와 하소연으로 둔감된 이 달콤함에 중독되어 SNS라는 가상세계 속에 빠져서 자존감을 높이려, 자존감을 높여주려, 서로를 위하는 듯한, 심지어 누군가를 도왔다는, 내 마음을 알아주는 유일한 곳이라는 착각에 중독되어 버리는 것이다.

이쯤되니 나약한 정신은 정말 할 일이 없다. 나약한 정신으로 무장된 한사람을 제대로 만들어 놓으니 알아서 전체가 감염되어 간다. 여기에 세대간의 단절, 일자리상실, 경제위기, 빈부격차 등의 사회적인 분위기까지 한몫해주니 이런 요지경이야말로 목표를 뛰어넘어 위대한 목표를 성취한 셈인 것이다!

대단한 혁명가가 나타나서 이 시대를 변화시켜줄 것을 기대하지 말라[5]는 경제학의 아버지 필립코틀러에게도 감사하고 더 이상 연금 기대하지 말고 스

---

5 다른 자본주의, 필립코틀러, 더난출판

스로 노후를 준비하라[6]는 마우로기옌에게도 건배를, 이제 '무용계급'이 등장한다고 경고하는[7] 유발하라리에게는 키스를 퍼붓는다. 그럴 수밖에 없는 것이 세계 최고의 학자와 철학자, 사상가들이 현실의 위기와 대안까지 정성껏 알려주면 알려줄수록 나약한 정신으로 무장된 이 세력은 현실직시보다 미래에 대한 이런 경고들때문에 오히려 자신의 우울과 불안이 더 심해질 수밖에 없다고, 우리가 뭘 할 수 있겠냐고 더 똘똘 뭉치는 계기까지 생겼으니 말이다.

하지만!
나약한 정신의 악령이 세상을 이리 어둠으로 물들일 때 세상이라고 가만히 있지 않는다. 세상의 원리는 한쪽이 강화되면 반드시 다른 한쪽에도 그에 상응하는 힘을 부여한다.

바로 **나약한 정신이 출현을 몹시 두려워하는 이들**이 있는데...
삼삼오오 모여 자신의 성장을 외치며 마인드를 강화하고 매일 스스로를 배움으로 몰아넣고 자신의 꿈에 도전하는 자조모임의 주동자들. 어떤 부정도 이들에겐 한계가 되지 않는다. 어떤 타협도 용납하지 않는다. 정해진 과녁에 시선을 고정하고 화살을 당기는 긴장에도 경련이 없다. 시간이 오래 걸리더라도 가던 길에서 이탈하지 않으며 아무리 부드럽게 유혹해도 뒤는 돌아보지 않는다. 두려워하지 않고 절대 양보하지 않는 소수로부터 세상이 바뀐다[8]는 마가렛미드의 말을 믿으며 더 높은 수준으로 자신을 고양시키기 위해 하루를 사는 이들...

---
6 축의 기원, 마우로기옌, 리더스북
7 초예측, 유발하라리 외, 웅진지식하우스
8 스킨인더게임, 니콜라스나심탈레브, 비즈니스북스

세상을 바꾸는 소수의 집단을 간과했다가는 큰코다친다는 것을 잘 아는지라 나약한 정신은 비겁한 줄 알면서도 이들 자조모임에 자기 패거리 한둘 정도 심어 감염을 시도해 보지만 이내 이 정신들도 강인한 정신으로 세정되니 이들의 출현이 비록 수적으로 적고 드물다 하더라도 출현자체만으로도 나약한 정신은 긴장할 수밖에 없는 것이다!

그래서 나약한 정신은 한순간도 쉬지 않고 '정신을 지닌 인간'이라면 누구에게나 조용하고 침착하게, 그리고 섬세하고 결코 눈치챌 수도 없게 인간의 가슴에 파고들어 전하는 말이 있다.
"괜찮아. 괜찮아.
꼭 그렇게까지 도전할 필요가 있을까?"

자, 지금부터 나는! 어떤 정신으로 살아갈 것인가?

―――
지금까지 다소 거칠고 잔인하게 쓰긴 했지만 나약한 정신의 소유자... 주변에 한둘은 있을 것이다. 뱉은 말을 유야무야 넘기거나 하기로 한 것에서 이 핑계 저 핑계대거나 가기로 한 길에서 갈팡질팡 숨는 그런... 자기합리화에 아주 뛰어난 능력자.

중요한 것은 내가 그런 사람이 아니면 된다.
내가 그런 나약한 정신의 소유자면 안된다는 정신,
모두가 자기 자신부터 강인한 정신의 소유자가 되려 한다면,
그럼 되는 것 아닌가!

나만 아니면 된다.
나부터 아니면 된다.
나라도 아니면 되는 것이다!

결국, 이기가 이타다.

'신념'에 대하여

인생궤도를 위한 정신활동의 역동성

삶은 경험의 연속이다. '행동'의 입체인 '경험'이 감정의 기후에 따라 정신에 길을 내고 이 길의 속성대로 경험의 질이 다듬어져 내 삶이 일궈진다. 하나의 행동은 감각, 감정, 정신의 순환결과인데 이러한 순환을 **입체적으로 경험한**, **'경험의 경험'**은 더 넓고 길고 굳건한 정신의 질과 질서, 즉 사고체계를 형성하여 세상을 향한 나의 행동을 조장한다. 우리는 이를 '인식'이라, '인지'라 부르고 이러한 정신활동을 '지성'이라, 지성의 힘을 '지력'이라 한다. 나아가 지력은 '의식'을 확장시키는 힘이 된다.

따라서, 경험은 인간의 사고체계에 길을 내고 길을 단장하고 길을 허물기도 하는, 내 정신의 질서를 담당하는 충실한 수행비서라 할 만하다. 그래서, 경험의 지표가 될만한 누군가를, 무언가를, 어딘가를 찾아 다니며 '경험을 위한 경험'을 위해 우리는 적극적으로 자신을 이동시키며 어딘가에 세워 머물게 하는 것이다.

경험으로 자리잡은 내지 자리잡힌 지식은 다른 경험으로 틈새가 벌어지고 그 벌어진 틈새를 감지해 재단장된 사고(思考)는 내 인생의 방위를 상기(想

起)하고 상기를 통해 잡힌 방위를 기준으로 내 인생은 거대한 궤도를 만들어 간다. 따라서, 작든 크든 새로운 경험은 궤도를 위한 궤적이라 하겠다.

인생의 궤도를 위한 방위가 사명,
인생의 궤도를 위한 준칙은 신념,
인생의 궤도를 위한 궤적이 경험이다.

인생의 궤도를 위한 준칙, 즉 굵은 기둥이 되어줄 신념에는 스스로가 수용한 사회적 질서들, 도덕이나 법, 예의와 같은 가지들이 부착되어 나의 사고와 행동의 방식으로 표출된다. 우리가 살아가는 단 2가지의 방식, 사고방식과 행동방식. 이들의 연합으로의 수행은 사명을 위해 신념을 중심으로 창출된 굵은 가지다.

그런데, 어떤 나무든지 굵은 가지에 자신도 모르게 또는 어쩔 수 없이 기생되거나 반강제로 주입되었거나 미운 모양새로 자라나는 가지들이 있기 마련이다. 가령, 윤리적 강제성으로 부여된 도덕률, 사회질서에 반하지는 않지만 미심쩍은 암묵적 룰, 인간사이에서 지켜야 할 예(禮)로 위장된 위선, 규율과 규칙, 관습, 형식, 절차라 통용되는 것 가운데 다소 부정의하고 모호하고 시대에 적합하지 않은 것들이 그런 것이다.

이렇게 자신도 모르게 주입 또는 기생하여 인생에 깊숙이 침투한 가지들을 신념과 결부시킬지의 여부에 대해서는 경우에 따라 유동적이어야 한다. 신념이 굳건하게 굵은 기둥으로, 신념이 탄생시킨 사고와 행동방식이 거대한 중심가지로 자리 잡혔다면 반강제적으로 부착된, 기생된, 병들거나 미운 가지들은 시류와 시대와 환경에 따라 재배치시킬 요령(要領, 일을 하는데 필요한 묘한 이치)을 지녀야 한다.

마치 키만 크고 그리 굵지 않은 대나무의 아주 단단한 중심기둥덕에 옆으로 뻗은 중심 가지들이 심한 바람에 휘청이더라도 부러지지 않고 위로위로 자신을 올리며 떨어져 나가는 것들은 미련없이 바람에 날려버리듯 말이다. 굵고 단단한 기둥에 중심가지가 자리를 잡고 세파에 따라 나머지 가지들을 적절한 시기에 이탈시킬 수 있는 힘이 사명을 중심으로 정한 준칙, 신념의 몫이라는 말이다.

모죽(毛竹)은 제 아무리 비옥한 땅에 심어도 5~7년간 순(筍)이 트이지 않는다. 이 때 왜지? 싶어 땅을 파면 죽는다. 그냥 기다려야 한다. 묵묵히 보낸 인고의 시간이 자기 인생궤도의 방위와 준칙을 정립시키는 과정이다. 그러다가 5~7년이 지난 어느날부터 하루 70cm~1m씩 하늘로 뻗어 올라간다. 무수한 가지들을 뽑아내고 떨어뜨리며 그렇게 6주 정도가 지나면 무려 그 키가 30m를 훌쩍 넘는다. **묵묵했던 인고 끝에 자신의 방위를 위로 정하고 그 방향을 향해 무서운 속도로 전진시키는 준칙.** 이 과정에서 기둥에는 굵고 단단한 가지가 자라나고 이어, 생기는 가는 가지들이 서서히 자라기도, 자라다가 말라 비틀어지기도, 외부의 힘에 부러지기도 한다. 바로 이러한 가지들이 시대와 환경에 가변적이고 유동적인 관습이나 도덕률, 원칙, 그리고 수많은 경험들이다.

모든 자연은 위대한 진리를 품고 있다. 우리도 자연이다. 중심을 단단하고 굵직하게 세운 후 시류에 따른 잔가지들을 운용하며 삶을 자라게 할 수 있는 것이다.

하지만 신념은 항시 강력하게 불변의 굵은 가지로 서 있고자 하지만 때론 고착된 가지들의 투쟁으로 신념의 에너지는 흡입당하기도, 외부로부터 가해지는 느닷없는 비바람에 상처나고 부러지기도 하기에 우리는 수목(樹木)주머니와 같은 장치로 중심에 있어야 할 그것이 자리를 지킬 수 있도록 요령있는 여지를 두어야 한다.

정신이 이러한 '요령'을 가장 역동적으로 해내야 할 주체다. 즉, '요령을 겸비한 최선'을 다하는 것이 바로 쉼없는 정신의 활발한 역동성, 이에 명령받은 행동의 입체가 경험이다. 또한, 이 활발한 운동에는 고려(考慮)가 필요한데 과연 자발적인 것은 무엇이며 비자발적으로 복종되고 있는 것은 무엇인지를 가늠해내야 한다. 나는 무엇을 의식적(자발적)으로 지적활동에 포함시킬 것인지, 나도 모르게 복종당하고 있었던 지적활동은 무엇이었는지 신념이 기준이 되어 운용된 경험이 이를 분별해준다. 수목주머니로 양분을 보충하면서 살리고 키워야 할 가지와 떨궈야 할 가지를 경험으로 스스로 검수해야 한다는 의미다.

방위가 사명, 방위를 향한 굳건한 기둥이 신념, 거기서 자라난 굵은 가지가 불변의 사고와 행동방식, 떨구거나 수시로 교체해야 할 가는 가지가 외부로부터 자기도 모르게 주입된 가변적인 인식과 관습, 예의, 경우들이며 이 수많은 가지들의 부착을 유지할지 떨궈야 할지를 판단하게 할 근거이자 증거가 경험인 것이다. 한마디로, 의식을 확장시키며 신념을 굳건히 다지는 동시에 수많은 인식의 가지들을 형성, 파괴시키는 과정을 자체적으로 거를 수 있어야 한다. 이것이 **정신의 역동적 활동**이다.

분명한 것은 이러한 수고스러운 경험의 반복은 수목주머니의 주사바늘을 꽂거나 빼버릴 과감한 힘을 내 안에서 탄생시킨다. 인식을 수용할지 파괴할 지 결정할 힘이 내 안에서 생기게 된다는 의미다. 이 힘에 의해 무의식적으로 자라나는 사고와 경험의 운동성을 우리가 '습관'이라 부른다면 **이 습관이 나의 의식적 활동의 결과인지 아니면 무의식적인 복종의 결과인지를 스스로 검열해낼 수 있을 것이다.**

이를 간파하는 것은 아주 중요하다. 자신의 보이지 않는 신념이라는 가지에는 이미 침범해 있는 무리와 새롭게 침입할 방해물들이 항시 곁을 노리고 있기에 스스로가 검열하지 않는다면 서서히, 아니 어쩌면 순식간에 그 생명력을 잃을지도 모른다. 침범당한 신념이 얼마나 무서운지는 911사태와 같은 사건사고, 독재자들의 반인륜적인 역사를 통해 우리는 이미 수없이 목격했으며 스스로에게 시선을 옮겨도 과거 속에 자기도 모르게 자리잡힌 인식으로 무언가를 판단하고 거부하고 재단했던 경험은 누구나 비밀스럽게 하나씩은 지니고 있기 때문이다.

신념이 선(善) 또는 악(惡)으로 표출되는 힘은 신념자체의 잘못이라기보다 신념이 자신의 인생궤도에서 이탈하거나 오염되는 것을 차단하지 못한 스스로에 대한 검열의 나태때문이라고 감히 말할 수 있겠다. 신념이, 즉 중심기둥이 외부의 잔가지들로 몸살을 앓고 있는데도 수목주머니로 영양을 채워주거나 뿌리째 이식하지 않고 그대로 방치한 나의 잘못인 것이다!

무의식적으로 복종당하고 있는, 게다가 복종당한 그것에 역동적이기까지 한 정신활동은 그 경직성이 자유로운 선택의 활로를 막아버려 자기가 자랄 키만큼, 자기가 창조해야 할 열매만큼 양과 질을 충족시키지 못하게 하는 해충과도 같다. 해충도 스스로의 삶을 위해 치열하게 기를 쓰고 살터이니 나에게로 침입하는 비바람과 해충을 막을 수 없을지라도 적어도 검열의 희생을, 박멸의 고통을, 치유의 인고를 자신에게 부여하여 해충이 자신의 궤도로 전진하여 훼방놓을 길목은 차단해야 한다. 이러한 차단은 신념이 사명을 향해 제대로 삶의 궤도를 그릴 수 있도록 필수적으로 지녀야 할 정신운동인 것이다. 머리보다 높은 단계에서 신념이 이성을 건드리지 못하도록 [1]

신념을 정립했다는 것은
내 삶이 걸어가야 할 거대한 길목을 터놓은 것이며
신념을 지킨다는 것은
검열의 냉정함으로 희생과 포기, 각성과 인내로 그 길을 걷는 것이며
신념을 누린다는 것은
내 정신의 활발한 활동이 주는 역동성에 쾌감을 느낀다는 것이다.

결국, 경험을 양분으로 섭취한 정신활동의 역동성은 사명을 향해 신념을 굳건히 다지고 사고와 행동방식의 올바른 잣대를 만드는 힘이 되어 내 인생이 제대로된 궤도를 향하도록 제자리에 궤적을 남기게 한다.

---

[1] 영혼의 자서전, 카잔차키스, 열린 책들

'한계'에 대하여

이상하다... 알았다. 괜찮다.

내 눈은 열려 있지만 보고 싶은 것만 보인다. 참 이상하다.
내 혀는 자유롭지만 해야 할 말을 하지 못한다. 참 이상하다.
내 귀는 뚫려 있지만 들리는 것만 들린다. 참 이상하다.
내 다리는 튼튼하지만 어떤 지점에 서면 꼼짝도 않는다. 참 이상하다.
내 정신은 영민하지만 고착된 관념으로 쓰이지 못한다. 참 이상하다.
내 영혼은 맑은데 50년간 굳어진 신체에게 거부당한다. 참 이상하다....

왜 안 들리지?
왜 안 보이지?
왜 말하지 못하고
왜 느끼지 못하고
왜 나아가지 못하지?

한계...
'한계'라 부르는 주체는 다름 아닌 '나'
내 멋대로 그렇게 선을 긋고 '이상하다... 이상하다...'

고개 갸웃대는 것도 '나'
내가 긋고 내가 이상해하고 내가 넘어서려 하고... 참... 이상하다.

그...런...데...
알았다!
알아버렸다!

이상(異常)의 감지는
이상(理想)으로부터
비상(非常)을 파악하여
비상(飛上)의 의지로
비상(飛翔)의 시도에 대한 신호였다!!!

이상하다는 느낌은 내가 꿈꾸는 이상(理想)으로부터 한계가 아니야(非常)!라는 신호로 파악되어 이제는 높은 곳을 향해 날개를 펴(飛上) 비상(飛翔)을 준비하라는 신호였던 것이다. 그러니까. 지금 한계에 부딪혔다고 느끼는 이 순간이, 또 다른 단계로의 진입, '새로운 나'로의 창조였다.

이상하다...는 느낌이 들면 대부분 이런 행동을 한다. 둘째손가락을 이마나 관자에 대고 눈을 지그시 감으며 고개를 갸우뚱하며 걸음을 멈춘다.

둘째 손가락[1]을 펼치는 것은
나의 꿈과 목적을 다시 제대로 가리키라는 의미다.

---

[1] 둘째손가락의 의미 : 둘째 손가락, 즉 검지는 '꿈의 방향'이나 '지식', '리더십'등을 상징한다. (AI발췌)

손가락을 미간에 대는 것은
삶의 정수부터 지혜롭게 다시 고려하라[2] 는 의미다.
눈을 지그시 감는 것은
보이는 것 이면의 보이지 않는 것을 보라는 의미다.
고개를 갸우뚱하는 것은
정신의 각도를 바꾸라는 의미다.
가던 발을 멈칫하는 것은
행위의 방향이나 속도를 제어하라는 의미다.

내 눈과 혀와 귀와 다리와 정신과 영혼은 분명 멀쩡한데...
제 기능을 하지 못한 채 이상하다...이상하다...만 중얼대는 그 때,
바로 한계 앞.
이상하다는 느낌이 올 때가
바로 비상할 때다!

기던 정신이 걷고
걷던 이성이 뛰고
뛰던 의식이 날고
날아오른 영혼이 다시 저~~ 멀리서 날 자극하는...

그래서,
한계 바로 앞까지 날 채우며 끌고온 자아는 보상받아 마땅하다.
안다고 착각했던 나의 오만을 깨부술 적기,

---

2 관상학적으로 미간은 '지혜의 궁전'이라 부른다.

봐왔던 것에서 보이지 않던 것들을 보려는 의지,
영혼이 현실의 나를 더 높이 비상시키겠다는 직관으로 말이다.

그러니, **한계**는
새로운 창조의 태동이 시작되는 순간이자
비약을 위한 도약의 순간이며
비약이 보행이 되는 기적같은 순간인 것이다!!!

한계는 또 다른 시작이다.
또 다른 미지의 세계로의 진입이며
또 다시 펼쳐지는 무한의 영역이다.

'벽'이 아니라 '문'이었다.

그러니,
한계는 '도달'이 아닌 또 다른 '진입'의 문
한계는 '멈춤'이 아닌 또 다른 '진행'의 길
한계는 '결론'이 아닌 또 다른 '자극'의 촉
한계는 '좌절'이 아닌 또 다른 '의지'의 힘
한계는 '막힘'이 아닌 또 다른 '이끔'의 뜻
한계는 '제한'이 아닌 또 다른 '충동'의 패
한계는 '소멸'이 아닌 또 다른 '생명'의 얼

한계를 직감한 것에 감사하리라.

이제 알았으니...
됐다...
그러니...
괜찮다...

첫 발을 내딛기 전에 한참을 서 있어도.
문고리를 잡고 한참을 서 있어도.
두 눈 질끈 감고 한참을 서 있어도.
떨어지는 눈물 멈추지 않아 한참을 서 있어도.
두근대는 심장 진정시키느라 한참을 서 있어도.
해야 하는데 무게감에 짓눌려 한참을 서 있어도.
되돌아가고 싶은 마음 붙잡느라 한참을 서 있어도.
한계가 아닌 걸 알아차린 게 오히려 원망스러워 한참을 서 있어도.
이 문은 결코 내가 열 수 없다고 내게 변명하며 한참을 서 있어도.
차라리 이 순간이 진짜 한계이길 바라는 억지에 한참을 서 있어도.
비굴하고 비겁한 나를 들켜버려 옴짝달싹 못한 채 한참을 서 있어도.
알지만 멍청해지는 방향으로 계속 그리... 한참을 서 있어도.

그래도 괜찮다!
괜찮다...
괜찮다...

용감하게 한계라 이름짓고
절망과 두려움에도 한계까지 왔으니

괜찮다...
괜찮다...

이 모든 '한참'은 '한계'를 넘기 위한 시동이니까...

그러니
괜찮다...
괜찮다...

'지식탐구'에 대하여
이제 정신의 깁스를 풀어야겠다.

알고자 하는 데 알지 못한다면
잘못된 길을 가고 있거나
아직 길을 찾지 못한 것.

길을 찾지 못하면 차라리 무지를 유지하며 계속 찾을 때까지 가면 되는데 혹여 잘못된 길을 가고 있다면 이는 지식의 오류나 함정에 빠져 오히려 가지 아니한만 못할 수도 있다. 게다가 쓸데없는 곳을 헤매느라 소모 내지 마모된 정신은 쓸데없는 행동에 그나마 남은 기운 다 써버리고 결국 제대로 된 지식 앞에서 자신의 오류로 반박하는, 민망한 자신만 노출될 지도 모를 일이다.

이는 오랜 기간 깁스했던 다리는 깁스를 풀어도 제대로 기능하지 못하거나 재활이 필요한 것과 마찬가지다. **지식의 고착은 다리깁스보다 더 오래, 질기게, 게다가 방치하여 내 정신을 둔화시킨다.** 지식에 대해 거론하면서 데카르트의 규칙들을 피해갈 수는 없다. 데카르트는 그의 제 1 규칙 [1]에서 아주 명확하게 규정했다.

---

1 데카르트, 방법서설, 문예.

'많은 것을 의심하는 사람이 그것을 생각하지 않은 사람보다 더 많은 학식을 갖고 있는 것은 아니다. (중략) 오히려 지식을 증대시킬 수 있다는 희망 못지않게 지식이 감소될 수 있다는 염려도 크기 때문이다. (중략) 더 이상 의심할 수 없는 것만을 신뢰해야 한다.'

의심하고!
의심하고!
더 이상 **의심할 것이 없으면 그냥 믿으라**는 것이다!
그리고
그것에는 더 이상 의심하지 말라는 것이다!

의심하지 않아야 할 것에 대해
의심하고 호기심을 내세우며 탐구하는 정신은
오히려 기존에 지니고 있는 지식마저도
오염시키는 위험한 짓인 것이다!

우리가 지식으로 습득해야 할 것은 뭘까?
무엇을 의심하여 무엇을 탐구하며
더 이상 의심하지 않을 수 있는 것은 무엇일까?

수학을 의심하고 탐구하여 여러 변수의 관계속에서
본원적인 공식을 찾아내는 정신을 의심하지 말 것이며
언어를 의심하고 탐구하여 나와 너의 혀가 전해주는 언어 속
다양한 의미의 속내가 담겨있음을 의심하지 말 것이며

과학을 의심하고 탐구하여 세상을 구성하는 물질과 비물질 모두는
인과로서 상호연결된 하나의 이치에 종속됨을 의심하지 말 것이며
법을 의심하고 탐구하여
세상에는 보이지 않지만 거대하게 존재하는
대법(大法)의 원리가 있음을 의심하지 말 것이며
예체능을 의심하고 탐구하여 나의 신체와 정신, 영혼의 협연은
대자연의 오케스트라에 조화로워야 함을 의심하지 말 것이며
생물을 의심하고 탐구하여 존재하는 모든 생명체는
고귀한 가치를 지니고 자체생명력으로 자생함을 의심하지 말 것이며
경제를 의심하고 탐구하여 가치있는 노동의 대가로 획득한 물질에는
응당 분배되어야 할 누군가의 몫이 공존함을 의심하지 말 것이며
정치를 의심하고 탐구하여 이를 행하는 자로써
정의와 소신, 공공선이 기준이어야 함을 의심하지 말 것이며
지질과 천문학을 의심하고 탐구하여 땅위, 하늘아래 다양한 족속들이
이루 헤아릴 수 없는 모습으로
세계의 주인이 되어 일체를 이루고 있음을 의심하지 말아야 한다.

그렇게
인간을 의심하고 탐구하여
개개인은 필히 지녀야 할 덕과 윤리를 바탕으로,
태어난 이유에 합당한 '천재성[2]'을 구현의 의무가 있음을 의심하지 말 것이며
생성과 소멸을 반복하는 우주의 유일한 일은 조화임을,
그렇게 에너지로 내게 신호함을 의심하지 말 것이며

---

2 천재(天才) : 하늘이 내려준 재주. 필자는 인간은 누구나 태어날 때 부여받은 재능이 있다고 여긴다.

그리고 무엇보다
지금껏 거론한 수학에서 우주까지 모든 것이
연.쇄.적.으로, 비선형적으로 연결되어 있음을,
어떤 하나가 다른 개체와 개별적, 나아가
전체로 연결되어 있음을 의심해서는 안될 것이다.

이것이
'지식'을 '이해'로,
'이해'를 '해석'수준으로 확장시켜
지식에 '신뢰'의 의복을 입히는 것이다.

지식탐구는 도형, 구구단, 원소기호, 국민체조, 영양소와 같은 가장 단순한. 즉, 의심조차 할 수 없는 기초, 기본, 근원을 기준삼아 자신이 심취한 개별적, 부분적 탐구를 인간중심의 탐구로 연계시켜 삶의 진리를 이해하는 것이어야 한다. 이렇게 자신의 천재를 세상에 발현해야 한다! 이러한 발현, 즉 창조야말로 인간으로 태어나 누린 은혜에 대한 응당한 보은(報恩)이다.

계단을 밟지 않고 꼭대기에 오를 수는 없지 않은가. 지식도 기초부터 단계별로 차근차근 시간과 함께 쌓여갈 때 정작 **'의심할 필요조차 없는 절대근원지식을 발견하게 되고 이는 더 큰 지식, 초월된 지혜'**로 확장시킬 또 다른 시작이 된다. 그리하여, 지식습득의 활동은 이끝에서 저끝까지를 연쇄적으로 연결짓고 그 연결을 가속화시켜 부피를 보태고 밀도있게 압축시켜 다른 지식으로 진화된다.

이러한 정신활동이어야
우리는 지식을 '이해(理解)'한 것이며
이해가 발현될 때 지식을 '습득(習得)'한 것이며
습득된 것에 나의 천재성이 보태어지면
감히 '창조(創造)'라 이름할 수 있을 것이다.

**의심하고 들여다봐야 하는 지식은 지독하게 탐구하고
탐구대상의 근원을 발견하면,
즉, 의심할 필요가 없는 지식까지 도달하면
거기서 탐구를 멈춰보자.**

데카르트의 논리를 제대로 이해하지 못한 사람들은 '의심하라!'에 꽂혀 모든 것에 의심하는 것이 마치 깊이 탐구하는 위대한 정신인 듯 착각하며 고뇌하는 자신을 찬양할 지 모르겠지만 데카르트는 '의심할 수 없는 것은 신뢰'하라는 뜻을 정확하게 전하고 있다.

언젠가 한 지인이 내게 이렇게 말한 적이 있다. '나라는 사람이 우주와 연계되어 있다는데... 왜... 어떻게 내가...블라블라'. 나는 '멈추세요.' 했다. 우주에 자연에 세상에 모든 만물 가운데 내가 존재하니 어떤 인과에 의해서든 연계되어 있고 수많은 철학과 물리학 등의 학문에서 모든 것은 모든 것과 연결되어 있음을 진리로서 언급하니 '내가 우주만물과 연계되어 있구나.'는 지금의 인식으로는 더 이상 파헤칠 수 없는 근원지식이다. 그러니, 거기서 탐구를 멈춰야지, 내가 왜 연결되어 있는지 어떻게 연결되어 있는지를 논리로 따지고 들지 않는 것이 옳다. 그 방향으로 쏟는 탐구의 에너지를 '연결된 무엇'을 찾는 방향이나 '연결되어 있는 나로서 어떻게 살아야 할지'와 같은 현실적, 실천적 지식에 대한 호기심으로 향하게 하는 것이 바람직하다.

의심이 많으면 호기심이 많고 호기심이 많으면 지식의 오류도 많다. 거둬내면 진실이 보이겠지만 어리석은 내 정신은 오류를 오류로 보지 못하고 설사 봤다 하더라도 진실을 보기 전에 오류를 거둬내는 데에 기운을 다 써버리기도 하며 게다가 오류를 찾아 제거에 성공하더라도 정작 거둬낸 자리에서 발견한 진실을 다시 어리석게 호기심으로 물고 늘어지기도 한다.

이제, 내 정신이 좀 부지런을 떨어야겠다.
이제, 그간 날 고착시킨 내 정신의 깁스 좀 풀어야겠다.
이제, 진짜로 내 정신이 정신 좀 차려야겠다.

정신의 눈은
의심이 필요한 곳을 제대로 조준하고
정신의 힘은
조준된 그 곳의 깊은 탐구를 위해 신체를 인내시키고
정신의 활동은
조준한 그 곳의 지식들을 제대로된 순서로 배열시켜야 하며
정신의 추구는
배열된 지식체계가 나의 사상으로 구축되어
삶에 유용한 쓰임이 되는 그 지점에 있어야 하겠다.

'깨달음'에 대하여

지각(知覺)의 질적혁명

인간은 누구나 자극에 반응하며 반응은 사고로, 사고는 판단으로, 판단은 행동, 즉 실체로, 매 순간 모인 실체들은 삶으로 일궈진다. **자극에서 실체까지.** 마치 각도기의 이쪽과 저쪽이 대칭에 존재하지만 중심에 의해 전체를 하나로 아우르듯 이 모든 과정을 아우르는 본유된 인간의 지적본능이 **사유**이다. 또한, 사유의 과정에서 순간순간 느껴지는 앎의 욕구, 즉 **지각(知覺)**의 강도와 심도, 순도에 의해 삶은 변화되며 연속된다.

따라서, 지각한다는 것은 '앎'의 시작이자 도달이기에 '지각'에 의해 현명과 우둔의 방향이, 그 방향에 의해 성공과 실패의 결과가, 그 결과에 의해 삶 전체의 농도와 온도가 결정된다.

한마디로,
사람의, 삶의 가치는 **'지각'**이 빚어낸 결과다.

지각은 경고한다.
'알았다'는 순간의 기쁨도 잠시, '알았다'가 '안심'과 만나면 대체로 위험수

위에 빠졌다는 신호다. 나의 지각은 단지 내 현위치를 알려줄 뿐, '실천'으로 이어갈 다음의 '모름'까지 지각하지 못하면 고이고 썩는 '우둔'과 '아집'으로 방향을 틀어버리기 때문이다.

이에 대한 대비로서 지각은 더 높은 차원, 그러니까 애덤스미스에게서 배운 '관찰자[1]', 니체의 '초자아(Selbs)[2]'의 시선에서 바라볼 필요가 있겠다. 너무 거창한 표현이라면 **'나를 바라보는 또 다른 눈'**이라 하자. 이러한 '바라봄'은 지각을 깨뜨리기 위한 시동이며 '시동의 감지'는 내게 '모름'에 대해 복종할 각오를 동반시킨다. 이것이 **'성찰(省察)'**이다. 자기를 살피고 또 살피는. 지각이 관찰자에 의해 깨지는 성찰의 순간, 나의 앎은 모름으로 변하고 모름은 더 큰 앎으로 나를 안내한다.

지각에는 틈이 있다.
틈을 찾아 밀고 들어오는 또 다른 지각. 무조건 있다. 없으면 안되니 있어야 한다. 우리는 영원히 '완성', '완전'해질 수 없는, 인간이기 때문이다. 매일 눈 뜨고 맞이하는 하루는 난생 처음 맞는 새날이다. 그러니, '안다'는 결론이지만 과정일 수밖에 없다. '앎'과 동시에 틈이 생기고, 그 틈은 '새로운 앎'으로 채우고, 채운 '새로운 앎'에도 또 틈이 생기는. 이 모든 과정을 감지해내는 관찰자로서의 지각은 늘 바쁘다. 바빠야 한다.

기존의 지각과 새로운 지각의 충돌에 의한 '앎'과 '모름'의 틈.
이로 빚어진 기존의 앎과 새로운 앎의 틈.

---

1 도덕감정론, 애덤스미스, 비봉출판사
2 니체, 차라투스트라는 이렇게 말했다, 2015, 책세상

이 틈속 충돌과 연합과 융합으로 조화된 다른 차원의 '앎'.
이 찰나의 소름끼치도록 놀라운 경이가 **'깨달음'**이다.

알았는데 모르는 순간,
달랐는데 같아진 순간,
비선형이 선형으로 이어진 순간,
따로가 하나로 융합된 순간,
각론이 총론으로 용해된 순간,
모순이 진리로 드러난 순간.

지각은 파괴되어야 마땅하다.
관찰자라 불리든, 초자아라 불리든 분명 나보다 고차원적인 시선에는 윤리와 도덕, 조화와 통일, 통합과 일체(一切)를 향해 당도해야 할 목적지가 있다. 이 시선에 포착되는 순간 내가 자리잡은 현주소는 냉정하게 파괴된다. 파괴의 통증이 괴로워 이리저리 피해도 보지만 결국 지고 마는, 져야만 하는, 결코 이길 수 없는 감각이다. **인간지각(知覺)의 파괴는 대지의 지각(地殼)파괴만큼 커다란 변동**을 예고한다. 대지심층의 온도와 압력의 변화가 지축을 움직이듯 '앎'은 인식을 파괴하면서 삶의 지축을 흔들 정도의 강력한 진동으로 어떤 방향으로든 삶을 변화시킨다. 급격하거나 완만하거나 대지도 산사태나 화산으로 스스로를 변화시키듯 인간도 그렇게 변하는 것이다.

따라서,
깨달음은 **지각의 질적혁명**이다.

파괴의 통증은 아프다. 괴롭다. 힘들고 어렵다. 하지만, 지각을 스스로 파괴하는, 파괴되어야 마땅한 지각을 파괴시키고야 마는 이성이야말로 진정한 앎의 욕구를 아는 이성이다. 이러한 이성의 소유자는 스스로의 자정과 자생을 위해 기존의 지각을 버려두거나 방치하지 않는다. 늘 새로운 지각을 요구하고 포착된 그것에 순종하고 감사한다. 이와 같은 '감각에의 순응'은 올더스 헉슬리의 표현대로 '신성한 무관심을 달성하기 위한 고행중의 고행'이겠지만 결코 나를 편협된 인식에 가두거나 머물게 하지는 않는다.

성 이그니티우스 로욜라는 만일 교황이 예수회 신학대학을 탄압한다면 어떤 기분이겠냐는 질문을 받았다. 그는 "25분 정도 기도하고는 거기에 대해 더 이상 생각하지 않을 겁니다!"라고 답했다. 아마도 이것이 모든 고행 중에서 가장 어려울 것이다. 자신이 최고의 에너지를 쏟아 부은 이상이 성공하든 실패하든 '신성한 무관심'을 달성하는 것 말이다[3].

자신이 최고의 에너지를 쏟아부은 이상(理想)을 향해 자신이 더 이상 할 수 있는 게 아무것도 없는... 그렇게 성공하든 실패하든 '신성한 무관심'에 도달하는... 하지만, 일은 자체의 힘으로 도달해야 할 그 곳에 당도하게 된다. 전혀 이해할 수 없는 방식으로...

크게 성공한다면 좋은 일이다. 그리고 실패한다 해도 역시 좋은 일일 수 있는데, 그것이 시간에 속박된 제한된 마음에게 지금 여기에서 전혀 이해할 수 없는 방식으로 일어나기만 한다면 말이다[4].

3, 4 영원의 철학, 올더스 헉슬리, 김영사

따라서, **지각은 앎을 포기하는 것**이다.

깨달음이란 지각의 파괴를 전제한 것이기에 기존의 앎을 거부하고 외면하여 포기하겠다는 의지로서 획득한 결과다. 다시 말해, '구체적 언어와 현상의 조합으로서의 앎'의 여백에 '추상적인 감각', 그러니까 본능적으로 느껴지는, 세상으로부터 자극된 감각이 흡수, 연결되면서 기존 앎의 파괴는 포기로, 포기는 새질서를 위한 질적변화로, 변화의 누적으로 야기된 앎이 찰나의 섬광으로 나의 이성에 강력한 진동을 일으킨 것이다.

그러니, **깨달음**은 '명사와 현상의 조합으로서의 앎'에 세상 전체를 담는, 우리의 시력(視力)이 유한성의 시력(時力)을 너머 무한성의 지력(知力)으로 차원을 달리 하는, 기존 앎의 평정이 파괴되고 맞이하는 지각의 재창조인 것이다.

'찰나의 누적이 인생'이라는 관점에 동의한다면, 깨달음은 연속되어 영속되어야 한다는 데에도 이견이 없을 것이다. 이런 관점에서 깨달음은 안타깝지만 완전성을 부여받지 못한 채 다음의 파괴와 상승을 위해 당겨진 화살일 뿐, 앎의 최종 도착지는 아니다.

릴케의 '화살은 살이 나가는 순간에 자신 이상의 것으로 초월하게 되는 것을 위하여 활줄의 긴장을 견딘다'[5] 라는 시구(詩句)는 얼마나 현실적이면서 아름다운 표현인가? 깨우침을 위해서도 괴로움과 긴장은 필히 동반된다.

---

[5] 두이노의 비가, 릴케, 부북스

현실의 육신이 제대로 기능한다는 것은 전체를 위해 쓰임있는 존재가 되어 있어야 하고 '됨'이 지속되어야 한다는 의미다. 마치 어둠속의 빛처럼 말이다. 깨달음은 영어로 'realize' 또는 'enlightenment'로 표기된다. real, 현재를. -ize, 살아가는 것이며. 이 과정은 en-light, 빛으로써 내 인생을 나아가게 하는 과정이다.

인간이 지닌 과한 모험가운데 하나가 감각을 언어로 표현하려는 시도일지 모른다. '감각, 이것은 언어를 통해 도달할 수 없다[6].'는 헤겔의 말에 아렌트가 동의했듯 나도 그렇다. 하지만 불충분하더라도 인간에게 필요한 매개물로서의 언어에서 그 의미를 파악하고야 말겠다는 탐구는 언어가 지닌 표현의 한계에 의미를 부여하는 숭고한 행위임에 틀림없다.

무한한 대지에 내 두 발을 딛고 있는 지금, 여기. '현실'이라 불리는 찰나의 연속이 나의 인생, 나의 삶이다. 그러하기에 우리는 먼 시선에서 현실을 바라볼 필요가 있고 현실에 혁명같이 내게로 온 깨달음의 찰나에 나를 온전히 내려놓고 따를 수 있는 확신이 요구된다. 모든 개인은 그 자체가 목적인 것으로 대접되어야 하며 [7] 모든 것이 필연적으로 연결되고 최선을 위해 조합된 최선의 목적을 위해 존재해야 [8] 한다.

지속적으로 깨닫는 과정은 인간의 자체목적성을 위해 존재해야 한다. 이 경이로운 영감의 순간을 지속시킬 의무가 있고 이 의무를 위해 지각의 순도를 유지해야 하기에 우리는 늘 배우려는 것이며 이렇게 목적을 향하는 자는 자

---

6 한나아렌트가 그의 저서 [정신의 삶]에서 인용한 헤겔의 문장
7 인간적인 너무나 인간적인, 니체, 책세상
8 캉디드 혹은 낙관주의, 볼테르, 현대지성

연의 대접을 누릴 권리를 부여받을 것이다.

그래서,
'현실' 즉, '지금'은
내가 목적한 바를 위한 길 위의 찰나이자
내가 목적한 바를 위해 나에게 주어진 모든 것의 총체이다. 자연에는 문이 없고 하늘에는 천정이 없고 땅에는 바닥이 없으니 내가 서 있는 이 곳, '지금'이야말로 내가 사용할 모든 권리를 부여받은 완전한 시공간인 셈이다.

이를 인정하면서도 현실 탓을 한다면 혼나야 한다.
모든 것을 다 주고 나를 깨치려는 자연에게 말이다.
어떻게든 날 두드려 알리려는 영혼에게 말이다.
자극을 달라 소리치는 자신의 이성에게 말이다.

된통 혼나면 깨닫게 된다.
상투적으로, 무의식적으로 그저 보이는 대로, 알고 있던 대로만 반응했던 모든 것에는 나를 깨뜨리려는 의도와 의지담은 깨달음의 씨앗이 존재했음을…

매번 혼나면서, 징징대면서도 목적한 바를 위해 현실의 길을 걷는 이는 지독하게 아름답다. 이런 자를 '아름답다'라는 형이상학적인 단어 외에 무슨 수로 표현하겠는가. 현상에 감각이 추가되어 이 틈새에 새로운 지각이 투입되고 여과와 투사, 혼합을 통해 이뤄낸 통일과 통합은 온전한 '일체'가 원하는 창조로 세상에 드러나고, 잉여를 즐기려 잠깐 안도하지만 이내 안도를 냉정하게 뒤로 내치며 다시 파괴와 해체와 재형성의 과정으로 나를 진입시키는,

이 괴롭고 더딘 루틴으로 발길을 두는 이의 걸음은 너무 단단하여 경이롭고 숭고하며 감사하기까지 하다.

'제대로 쓰인다'는 것은 유한한 것에 한정되어서는 안된다. '자연의 일부로서의 나', 무한한 쓰임으로 확장되어야 한다. 현실적 기능을 숙련하는 것을 초월하여 '나'라는 개체는 전체 조화와 통합을 위한 쓰임의 의무와 기능과 가치를 분명 지니고 태어났다. 이 조화와 통합에 쓰이기 위해서는 '초월된 지각'없이는 어설프다. 어설픈 쓰임이 아니라 제대로 된 쓰임은 보다 형이상학

적인, 거대한 흐름에 나를 진입시키고 그 흐름의 속도와 방향에 맞춰 현실의
보폭을 유지하는 지성일 때 가능하다.

마치…
나선처럼 말이다.

올더스헉슬리는 인간의 진화는 영적진화여야 하며
이는 나선구조⁹여야 한다고 했다.
시작은 있으나 끝이 없는,
작은 원이 더 커다란 원으로 자체를 키우는,
막혔지만 뚫려 있고, 이어졌지만 여백으로 채워진,
중심의 불변이 가변할 수밖에 없는 흐름을 지탱하는,
모든 것이 연결된 의미있는 상승의 나선,
되돌아 가려는 힘이 제거된 진화과정 곳곳에
깨지고 깨우치는 순간은 존재한다.

머물고자 하지만 결코 머무를 수 없는 지적율동의 연속.
기존의 앎과 새로운 앎의 충돌로 빚어진 지적세공의 연속.
정신의 강도, 마음의 온도, 영혼의 순도의 지적상승의 연속.
이것이 **깨달음**이다.

우리의 삶은 본성적이고 근원적인 깨달음으로 도달할 수 있을지에 대한 미
지수를 품은 채 지속적으로 걷는 길이다. 깨달음으로 가는 나선의 길, 고행

---

9 영원의 철학, 올더스헉슬리, 김영사

중의 고행이라는 배움의 길, 길 위에서 만나는 깨우침을 수시로 만들어내야만 하는 의무로서의 지각활동. 이 지독한 지각변화를 위한 동기품고 오늘도 나를 앉히는 이유는 어쩌면 우리 모두가 안고 사는 미지수에 대한 답을 찾는 과정이 '하루'라는 이름이었음을 이제라도 알아차렸기 때문이리라.

'원리와 원칙'에 대하여
혼란스러워요!

새벽독서모임이나 강의때 종종 듣는 말이 있다.
"혼란스러워요!"

난감하고 괴로운 표정으로 "그래서 좀 힘들다..."라고 한다. 나는... 심정은 이해되지만 이성은 이해불가능한, '혼란'은 수긍하지만 '괴로움'은 수긍하지 못한다. 이유는 새로운 지식의, 관점의, 사고의 진입은 기존지식을 깨뜨리기에 혼란은 당연하다. 즉, 변화를 원해 시작한 공부에서 혼란스러우면 그야말로 빙고인데 변화를 원하면서 혼란스러운 건 싫은가보다.

혼란없는 변화란 없다.
변화없는 성장도 없고.
즉, 혼란없는 성장은 없다.

"빙고!!! 너무 잘 됐네요! 혼란스러우니 다시 재질서가 곧 잡히겠어요!! 드디어 변하겠네요! 새로워지겠네요!" 놀리는 것 같지만 천만에! "혼란을 축하한다!"고 나는 진심으로 박수를 보낸다. 잘 생각해보라. 규제와 관습, 습관. 선입견, 편견, 고정관념. 이 모두는 질서화되어 있는 것들이다. 어떤 면으로 볼 때, 심리적으로는 속이 안정되고 편할 수도 있다.

그런데 여기서 모순은 우리는 뭐든 정리하고 정돈하고 각잡고 나열하고 깔맞추고 줄세우고 반듯하고 깍듯하고 가지런히 앞을 향해 직선으로만 걸으며 벗어나지 않으려 무지 애쓰고 살면서도, 편하게 안정감을 느끼지 못하고 일탈을, 변화를 갈망한다는 것이다.

즉, 무질서를 원한다는 것이다.
또한, 인식, 그러니까 과거부터 현재까지의 경험으로 고착된 나의 사고속에서 살면 편하다. 그대로 살면 되니까. 그런데 우리는 변화를 원하니 새로운 경험으로 인식을 파괴하고 의식을 깨우려 한다. 불편함을 원한다. 혼란을 원한다는 것이다. 즉! 나의 무의식이 변화를 갈망하며 혼란을 원한다는 것이다!

질서는 혼란이 없는 상태,
무질서는 혼란이 있는 상태.

편하게 질서잡히면 혼돈과 변화인 무질서를 원하고,
무질서하기 위해 잘 잡혔던 질서를 파괴해야만 하고,
그러면서도 혼란은 힘들고 싫은 아이러니에 빠지고야 만다.

늘 정리정돈되어 있다는 것에는 '일관(一貫)'의 가치가 분명 담겨 있다. 또한, 늘 정돈되어 있기에 고집(固執), 경직(硬直)과도 무관하지 않다. 질서에 부여된 양면성. 이로 인해 우리는 늘 질서를 원하지만 무질서, 즉, 변화도 한결같이 원하는 것이다.

자, 이 문장. **'변화를 한결같이 원한다'**라는 문장에 잠깐 집중해보자. 인간은 '욕구, 즉 추구의 동물'이다. 항상 무언가를 추구한다. 이걸 먹으면 저걸 먹고 싶고 이걸 알면 저것까지 알고 싶고 여기를 가면 저기도 가고 싶고 있으면 없길 바라고 없으면 있길 바란다. 난 그런 것이 하나도 없다? 아무런 욕구가 없다? 아무런 욕구가 없는 것을 추구한 것이다. 계속 아무런 욕구없이 사는 것을 원하는 것이다.

그래서, 인간의 본성이 '추구'이니 '변화만이 영원'한 것이다!
그렇다면, 변화, 즉, 무질서를! 한결같이, 질서있게 원하는 것이다!
그러니, 무질서를 질서있게 원한다.
또는 무질서가 질서있게 연속되는 것이 질서.라는 해석이 가능하다.

'변화만이 영원하다.'는 진리가 바로 이것이다. 진리는 영원불변하다. 진리는 가장 본성적인 것이기 때문이며 본성에는 대립되는 개념이 존재하지 않는다. 또한, '극과 극은 통한다'는 진리에 비추어볼 때 새로운 것은 곧 낡은 것이 되듯 질서는 곧 무질서로 가는 과정이며 무질서는 질서로 가는 과정이다. 동시에 함께 존재할 수 없지만 순차적으로 연속해서 존재할 수 밖에 없는, 동시성과 연속성. 즉 대립된 이면에 대한 통찰이 필요하다. 한마디로, **'변화만이 영원'하다는 진리 안에 질서와 무질서는 순차적으로 동시에 존재할 수밖에 없다는 것이다.**

이러한 근본적인 이해를 바탕으로 우리는 2가지를 정리해 볼 수 있겠다. 첫째, 질서잡혀야 할 것은 '원리', 즉 이치에 맞는 본성이다. 질서와 무질서는 쌍으로 존재하며 동시성과 연속성에 의해 순환된다. 둘째, 질서잡지 말아야 할 것은 '원칙', 즉 어떠한 것을 위한 규칙이나 제도이다. 원리에 순응하기 위해 정해진 원칙은 변화를 위해 유동적이어야 한다.

가령, 내 정신의 편견과 선입견, 고정관념과 같은 질서는 깨는 것이 원리이고 이 깨는 과정은 지속적으로 반복되는 질서를 지녀야 한다. 깨서 질서잡고 또 그것을 깨서 재질서로 잡고 또… 또… 또… 이 과정이 원리에 따라 유동적으로 원칙을 깨는 질서다.

이렇게 볼 때,
'혼란스러워요'는 축하받아 마땅한 일이 아닌가!

이를 대변하는 한 단어가 있다면 **'이불변응만변(以不變應萬變)'**이다. 변하지 않는 한가지로 만가지 변화에 대응한다. 변하지 않는 한가지가 원리, 즉, 질서화되어 파괴되면 안되는 원리에 따라 수만가지의 원칙들이 깨지며 변화되어야만 한다. 그러니, 인간의 본성에 따른 원리를 깨우치고 따르며 산다는 것은 내 삶의 안정과 풍요와 평화를 이미 보장받은 것이나 다름없다.

내 삶의 주체인 내게 과연 변하지 않는 원리가 있는지,
변하지 않는 그 원리에 따라
수시로 나의 정신과 행동을 파괴하고 수선하며
무질서한 혼란으로 변화를 추구하는지
나를 점검, 검열해야 한다.

이에 따라 끝까지 원칙을 고수하는 것은
원리에 따르지 않는 것이니 오히려 삶에 오류를 남길 수 있음이요,
원리에 따르기 위해 혼란스러운 것은 원리에 따르는 것이니
오히려 삶을 제대로 이끌고 있음이다.

'조화'에 대하여

내가 하나의 점이 되는 순간, 세상은 구(球)로!

참 재미난 놀이였다.
'ㅂ'으로 시작되는 단어를 멀리, 아니 사용하지 않으려는 행동리셋은.

불평, 불만, 변명, 부담, 부정, 부족, 비난, 비겁, 비참, 비굴, 비웃음, 비아냥, 비애, 비탄... 나의 언어나 표현, 표정, 말투에 묻어 있는 'ㅂ'으로 시작되는 이런 단어들을 나는 금지시키기로 했다. 나를 변화시키기 위해서 말이다. 내 입을 틀어막기도 하고 실수로 입밖으로 튀어나오면 허겁지겁 '취소취소!!!' 소리치기도 했다. 진짜 우스운 것은 말이 하고 싶은데 꾹 참느라 애꿎은 한숨만 푹푹 내쉬기도 하고 괜히 얼굴만 울그락불그락 했던, 정말 재미나고 우스꽝스러웠지만 참 요긴했던 행동리셋이었다. 더 정확하게 말하자면 언어리셋이기도 했고.

우선 나는 **불만**을 토로하는 여러 가지 감탄사를 많이 자주 사용하고 있었다. 예를 들어, '어휴~~', '나원참', '뭐???????', '쳇!', '치~'와 같이 쉽게 터져 나오는 이 단어들에는 모두 맘에 들지 않는다는, 상대가 한심하다는, 어이없다는 의미가 묻어 있었다. 쉽게 내뱉는 말들이라서 뭐 대수겠냐 싶겠지만 나를 리셋시키겠다는 나의 포부는 이 쉽게 내뱉는 말들을 대충 넘어가지 않게 할 정도의 결의에 차 있었다.

그리고 또 나의 오래된 습관, 잘 삐친다. 감정의 근육이 약해서이기도 하겠지만 삐치면 말은 안하면서 괜히 흘겨보거나 표정을 굳혀 '나 삐쳤으니까 알아서 해'라고 은근히 티만 내며 상대가 알아주길 바란다. 얼마나 **비굴**한가? 어린애도 아닌데 말이다. 일상에서 내 감정이 상하는 경우는 다반사, 삐치지 않는 방법은 '표현'하는 것이다. 그런데 어떻게 말하지? 고민하려다가 그냥 이렇게 말해 버린다. '나 삐쳤어!'라고. 그러니 상대는 '왜?'하며 대화를 시도한다. 이렇게 지금까지 슬슬 삐치는 짓은 하지 않게 되었다. 삐치는 건 사실 좀 많이 비굴하다. 말 안하면서 표정으로 은근히 상대를 굴복시키려는 마음에다 상대가 나에게 관심가져주길 바라는 욕구에다 나는 아무렇지 않은 척 너 스스로 알아서 기라는 강압까지ㅠ.ㅠ. 게다가 만약 상대가 이를 무시하거나 알아채지 못하면 애초의 삐친 이유보다 알아주지 않거나 못하는 게 더 섭섭해져서 맥락없는 떼쓰기가 되어버리는, 아무튼 투정같은 건 너무 어른스럽지 못하지만 난 그랬다.

또 습관적으로 하는 말 가운데 **변명**이 많았다. 상식선에서 '변명'으로 판명되는 말들은 성격상 거의 없다고 여겼지만 '변명같지 않은 변명', 그러니까 변명인지도 몰랐던 변명, 그것도 **비겁**한 변명이 내게 있었다. 가령, '난 몰랐는데!'와 같은 것이다. '모른다'는 것은 어쩌면 그럴싸하게 정당하게 보일 지 모르지만 상당히 비겁한 변명이다. 알려고 하지 않았고 몰랐다는 커튼 뒤에 숨어 자신의 안정만을 보장받는, 비겁중에서도 상당히 비겁한 태도였다. 물론, 진짜 몰랐을 수도 있다. 그럴 땐 '몰랐어.'라고 말하지 않고 '몰랐다는 것조차도 몰랐다. 하지만 알려주면 내 역할을 하겠다.'라고 뒤에 한 문장을 더 말하는 것으로 대체했다. 변명은 단지 언어뿐만 아니라 나의 여러 가지 성향에서 아주 자주 사용하던 방패막이었다. 사람을 만나거나 통화를 잘 하지 않는 나의 성향으로 인해 만나자고 하거나 전화가 걸려오면 어김없이 변명을 했었다. '미안, --하느라 못 받았어', '아, 그 날은 내가 —가 있는데 미안해'라고. 그냥 솔직하게 말하는 것이 허락되지 않는 경우, 만나기 싫다고 할 수도 없고 귀찮다고 할 수도 없고… 아무튼 이럴 때 상당히 난처하다. 약간 곤란한 관계에서는 더더욱 통화를 피한다.

나의 회피성향은 아주 심하다. 뭔가 곤란할 때 전화기 울리는 소리가 내 귀에 안 들리도록 꺼놓기도 하는데… 물론, 그냥 안 받으면 그만인데 나는 그 자체가 무지하게 신경이 쓰인다. 부재중전화가 들어와 있으면 당연히 '전화를 해야 하는데 어쩌지?'하며 하루종일 전전긍긍하는 것이다. 그래서 이래저래 변명하는 대신 문자를 보낸다. '내가 전화가능할 때 할게'라고. 이 말은 변명도 아니고 통화하기 싫다는 말도 아니고… 사실, 잘 모르겠다. 중요한 것은 나의 성향을 바꿔야 하는데 그것이 가장 어렵다는 것이며 또 굳이 이렇게 혼자를 좋아하는 내가 성향을 바꿔야 하나 싶기도 하고… 요즘엔 미리 얘기한다. '나는 꼭 필요한 경우가 아니라면 만나는 것도 별로 선호하지 않고 전화를 거의 받지 않아요. 필요하실 경우 문자 주시면 무조건 답장은 드립니다.'라고. 이렇게 미리 나를 드러내니 대부분의 경우 나를 배려해 주어서 변명할 일이 거의 없어졌다. 다행이다.

'ㅂ'으로 시작되는 단어 가운데 내가 정말 싫어하는 것을 단 하나 꼽으라고 하면 **'비겁'**이다. 비겁은 정말 싫다. 비겁하면 **비굴**해지고 비굴해지면 **비참**

해지고 비참해지면 스스로를 **비난**하게 되고 비난하다 보면 다른 경우(상황, 상대)와 **비교**하면서 자기**비애**에 빠져 버린다. 남들에게는 당연하고 나 자신에게 비겁하게 굴거나 나에게 비겁이 들킨 경우 용서할 수가 없을 정도로 나는 내가 싫어진다.

나라는 나약한 사람이 세상을 구할 것도 아니기에 커다란 비굴이야 별게 있겠냐마는 내가 나 자신과의 약속을 못 지키는 것 자체가 내겐 비겁한 짓이다. 어떠한 결의가 있고 도전도 했지만 응당한 대가를 치르지 않으려고 태만과 나약, 변명따위에 저당잡혀서 결의도 희미해지고 도전도 무색해지는, 이럴 때 나는 비겁하다고 여긴다. 이는 책임지지 않겠다는 의도를 담고 있기에 그 야말로 비겁한 정신인 것이다. 엄청난 거짓말쟁이라 세상까지 속일 수 있다 치자, 그렇더라도 궁극적으로 나 스스로는 못 속인다. 내가 비겁한지 아닌지 남들은 내 변명에 속을지 몰라도 나는 안다. 나의 태도가 변명인지 진실인지. 그걸 눈감아주는 자체도 너무 비겁해서 정말 비겁은 싫다.

아모스오즈의 말대로 거짓은 짧은 담요[1]와 같다. 머리를 덮으면 다리가 나오고 다리를 덮으면 머리가 나와 결국엔 들통나는. 나를 속이는 비겁은 몸통은 다 내놓고 머리만 구석에 쳐박은 채 자신이 숨겨진 줄 아는 어린아이의 숨바꼭질같은 짓이다. 다시 말하지만, 변명따위를 늘어놓으면서 비겁해지는 나를 가만 냅두면 비굴해지고 비굴은 나 자신을 비참하게 하지만 비참을 들키기 싫으니 또 다른 변명으로 이를 정당화시키는 악순환으로 이어진다. 세상 모두가 나를 비웃어도 내가 나를 아니까 어떤 경우에도 나에게만은 정당해야 하리라. 신독(慎獨)이어야 하리라.

---

[1] 나의 미카엘, 아모즈오즈, 민음사

이 모든 시작은 감정의 근육이 약한 것에 기인한다. 한때 '냉혈인간'이 되고 싶었던 적도 있었고 감정이 없는 사람을 부러워하기도 했었다. 그래서 내면의 부실함을 단단하게 잡아줄 삶의 지식이 내겐 절실했다. **내면의 강인함은 정신의 부(富)와 연관되고 이는 내 안의 평안과 안정의 절대적인 기준**이 될 수 있겠다 싶었다. 외부로부터의 반응에 예민하게 떨지 않고 내 안의 깊숙이에서 우러나와 드러나는 나의 존재감. 이 자세를 유지하기 위해 결코 삼가야 하는 것이 바로 내가 나에게 비굴한 사람이 되지 않는 것이었다.

사실, 'ㅂ'으로 시작되는 부정적인 언행, 표현을 연역하면 연결, 연계되어 있다. 무서우리만치. 'ㅂ' 동네에 사는 'ㅂ'들의 연대는 아주 강하고 질기다. 진짜 이 동네에서 놀면 안된다. 이 동네에서 놀면 결국, 무조건, 곧 **바보**된다!

상황이나 현상에 **불안**해지면 이에 대한 **방어기제**로 현상을 **부정**하게 되고 부정은 **불쾌**한 감정을 통해 **불평**이나 **불만**섞인 언어와 행동으로 드러나며 이는 사실을 왜곡, 오류화시킬 가능성을 높여 결국, 자신의 안전한 공간으로 **비겁**하지만 숨겨줄 수 있는 **변명**을 찾게 된다. 변명은 사실과 다르거나 왜곡된 것이기에 옳게 포장하기 위해서 현상을 **비난**하도록 이끈다. 관계란 정당성의 대립이니까. 대상을 **비난** 내지 **부정**하면 자신의 정당이 상승한다. **비교**에 의한 일시적인 상승은 곧 추락을 예고한다. **비난**은 **변명**의 몸집을 더 강하게 키우고 수습이 안될 정도의 비굴한 아첨꾼으로 자신을 내몰아 스스로가 **비참**해지는 꼴을 면치 못하게 함으로써 결국 **비웃음**의 대상이 된다. 스스로 자신을 **바보**로 만든 것이다. 여기서 더 나아가 스스로를 빵부스러기 취급하며 **비탄**에 젖은 심연의 자아는 자신을 **배신**한 현실의 자아에게 **보복**하기 위해 강인함을 버리고 **불쌍**한 자아를 자처한다. 이렇게 **불쌍**하고 부실하고 **부**

진해진 심연의 자아는 현실의 자아가 무너지든 말든 아랑곳없이 자아를 **부정**하며 **비애**속에 스스로를 가둔 채 현실적 자아와 심연의 자아를 **분리**시키기도, 더 악하게는 **분절**시키기도 한다.

이러한 연관성과 인과, 상관관계로 인해 시작은 사실을 사실로 인지하고 그대로 받아들이는 인정과 수용, 진실에 기준하되 진실을 표현하기 어려울 경우에는 그저 침묵, 침묵이 아니라면 불평이든 비난이든 남들이 욕을 하든 오해를 하든 '나의 말'을 하면 된다. 남들은 불평처럼 비난처럼 변명처럼 들을지 몰라도 나에게 그것이 진실이면 되는 것이다. 원래가 **진실, 깊은 내면을 전하는 데에는 비난과 칭찬이 동시에 따라붙는 법**이다. 오래 묵혀둔 진실일수록, 농익은 관계일수록, 난해한 현상일수록 그러하다. 이렇게 말하면 어떻게 생각할까? 같이 동조해주지 않으면 나만 소외되겠지? 뭐 어때, 이 한마디쯤이야, 나 하나쯤이야, 이번 한번쯤이야, 이런 사고방식에서 완전히 벗어나야 한다.

내가 'ㅂ'으로 시작되는 그 한마디 안 했다고 세상이 바뀌지는 않는다. 하지만, 나는 바뀐다.

점(點)만큼이라도 내가 바뀐다는 것은 엄청난 지각변동을 일으킬 정도의 사건이다. 왜냐면, 점만큼이라도 내가 바뀌면 관계의 연결성과 사회전염에 의해 내 주변이 바뀌고 내 주변이 바뀌면 전체에 그 크기만큼의 변화를 일으키게 된다. 그렇게 조금씩 조금씩 전이되다가 어느 지점에서 엄청 탁월한 누군가가 이 **점을 거대한 구(球)로 변화시킬지** 모를 일이다. 난 내 몫을 다하고 더 큰 몫으로 이어갈 누군가에게 바통을 건네주면 된다.

점이 또 하나의 점을, 점과 점이 연결되어 선을, 거기에 점 하나를 더해 면을, 한번 더 점이 찍히면 입체가 된다. 이렇게 점 하나씩이 찍히면서 선은 면으로, 면은 입체로, 그렇게 점점 점이 많아져 서로 긴밀하게 연결되면 될수록 원이라는 또 다른 차원으로, 원에 밀도와 부피가 가해지면서 구(球)로, 그것에 채도와 순도와 밀도가 채워지는 것이 결국 변화와 진화로 이어진 조화인 것을.

결국, 내 혀끝, 눈빛, 손짓이라는 작은 점 하나가 거대한 구가 되는 것이다.

따라서, 나같이 작은 하나의 점이 구를 이루는 원리는
이기는 이타로
변화는 조화로
하나는 일체로
찰나는 영원으로 가는 세상의 원리인 것이다.

나부터 지키면 되고
나라도 지키면 되고
나니까 지켜야 하고
나만이라도 지켜보자.
그러면 된다.

'앎'에 대하여

감정이 각도를 잃으면 정신은 온도를 잃는다.

자랑삼으려는 의도가 아니라 근거가 되어줄 사실이기에 내 글에 자주 언급하는 바이지만 22년 8월, 인문학에세이를 처음 쓰기 시작하는 날부터 글플랫폼에 매일 새벽 5시 발행을 선언하고 지금까지 하루도 어기지 않고 이어가고 있다. 이제 밥먹듯 습관이 되어 있지만 여전히 나는 시소를 탄다.

어떤 때엔 바닥에 엉덩이를 쿵 찧기도 하고
어떤 때엔 하늘로 오르다 곤두박질치기도 하고
어떤 때엔 오르락내리락하는 재미에 이대로 주~욱 타고 싶기도 하고
또
어떤 때엔 더 이상 높이 오르지 못하는 시소가 재미없어 다른 놀잇감으로 갈아타고 싶기도 하다.

이리 여러 감정이 소란을 떨면
내 글은 미운 모습으로 자신을 드러낸다.
아무리 애를 써도 군데군데 흠집투성이로 세상에 등장한다.
그러다 감정이 소란을 멈추면

하얀 백지 위에 정갈한 모습으로 고이 자기를 드러낸다.
정성스레 치장했지만 결코 드러나지 않는 은은한 품격의 아름다움으로 레드 카펫 위를 사뿐히 조용히 단아하게 미끄러지듯 걷는, 그런 느낌으로 말이다.

**감정이 각도를 잃으면
정신은 온도를 잃는다.**

감정이 이쪽이든 저쪽이든 기울어지면
정신은 그것을 바로 잡느라 기온을 상승시켜 열을 내거나
기온을 하강시켜 차갑게 외면한다.

감정과 정신은 늘 내 안에서 내전중인지라
전장의 치열함이 가혹하다 싶지만
전쟁이란 게 너 죽고 나 살자이니 어쩔 수 없는 노릇이다.

너희들은 단지 정신의 불꽃만을 안다. 그 정신 자체인 모루는 보지 못하며, 또 그 망치의 가혹함도 너희들은 모른다. (중략) 너희들은 너희들의 정신을 눈구덩이에 내던져본 일이 한번도 없다. 그럴 수 있을만큼 너희들이 뜨겁지 않기 때문이다! 그러니 너희들이 어찌 눈이 지닌 냉기의 황홀감을 알겠는가. (중략) 너희들은 독수리가 아니다. 그리하여 너희들은 정신의 경악 속에서 누리는 행복을 경험하지 못했다. 그리고 새가 아닌 자는 심연 위에 보금자리를 마련해서도 안된다. 너희들은 미지근한 자들이다. 그러나 모든 심오한 앎은 차디차게 흐른다. 정신의 가장 깊숙한 한 곳에 자리하고 있는 샘은 얼음장처

럼 차갑다. 뜨거운 손과 열렬히 행동하는 자들에게 그것은 일종의 청량제다[1].

언제부턴가 글에 죽자살자 덤벼드는 정신의 고열에 나는 쓰러지기와 바로 서기를 반복하고 있다. 3년을 넘겼다. 1천개가 넘는 글을 썼다. 그것도 짧지도 않은 글을 매일 써대며 나의 정신은 널부러져 일어서다 하늘로 던져졌다 땅으로 내리꽂혔다를 반복하고 있지만 정신에 맷집이 생긴 것도 느낀다.

아무리 바닥에 쳐박아봐라, 내가 멈추나. 싶은 오기가 생기더니 오기는 기운인지 끈기인지 애매모호하지만 결국 기세를 몰아 나를 뜯어고쳐 습관으로 무장시켰다. 습관이 되니 고열에 들끓던 정신은 서서히 열을 내려 차가워진 듯했지만 잠시라도 감정이 각도를 잃는 순간 다시 오르락 내리락... 그래도 정신의 온도는 많이 차가워졌다.

그러나 오늘 새벽,
위에 언급한 니체의 글에서 내 감정의 각도계는 심하게 흔들렸다.

감정이 각도를 잃으면
얼음같이 차갑던 정신의 온도가 올라
얼음은 눈물이 된다.

요즘 또 글쓰기가 너무 어려워 나 자신에게 투정이 심하다.
혹 나는...
모루를 무시하고 불꽃만 바라보고 있었던 것은 아닐까?

---

1 차라투스트라는 이렇게 말했다, 니체, 책세상

망치의 가혹함은 피하고 불꽃은 튀기고 싶은 오만함이
내 정신에 슬그머니 엉덩이를 내민 것은 아닐까?
독수리도 아니면서 비상을 품고 절벽 위 깊은 곳에 둥지를 튼 채
쩔쩔매는 것은 아닐까?
얼음창같이 차가운 앎에 화상입을까 서성이는 것은 아닐까?

이 눈물의 의미는
네 이빨이 빠지나, 내 살점이 뜯기나 두고 보자며 죽자살자 덤비더니 이제 습관이 되었다고 대충 덤비는 나의 빈틈이 내게 발견된 증거이리라.
남들이 줄 서는 자리를 마다하고 책상 앞에 나를 매어놓은 그 단단했던 정신의 줄이 헐거워진 틈으로 나태와 태만이 살랑대며 유혹하는 증거이리라.
독수리가 되겠다는 의도는 없었으나 독수리처럼 날고 싶다는 욕구는 분명 있었는데… 독수리처럼 날지도 못하면서 독수리의 날카로운 시야로 심연의 나를 보겠다는 무지한 '자만'이 들통난 증거이리라.

아… 오랜만의 통곡이다.
통곡하며 내 속에서 쏟아져 나온 액체와 기체들이 모두 세상의 입김으로 휘발되기 전에 나는 내 정신의 온도를 신속하게 내려줘야 한다.

휘발되어 감각이 무뎌지면…
언제 그랬냐는 듯이 정신의 경련을 외면하는
비겁함이 등장할 지 모르니까.
그러면, 감정은 각도를 무조건 잃게 되고
연이어 정신은 이상기온에 시달릴 테니까.

심오한 앓은 차가운 냉기품고 흐른다...

찬물에 세수도 못하고
잇몸 시린 것이 싫어 따뜻한 물만 먹고
끼니마다 뜨끈한 국물 한사발은 먹어주고
온열매트에 허리지지기 좋아하는 나일지라도
냉기품고 다가오는 앓의 소름끼치는 차가움에 나로부터 들어간 온기가 닿게 해서는 안될 것이다.

얼마전 폭설에도
볼기가 따갑도록 쳐대는 눈을 맞으며 걸어보지 않았던가?
얼마전 얼음 사이로 살짝 드러난 개울가에
양말벗고 발을 담궈보지 않았던가?
얼마전 국수면발을 헹구느라
손이 시려도 찬물에 계속 면을 주무르지 않았던가?
냉기품고 다가오는 앓의 소름끼치는 차가움에 화상을 입더라도
볼기와 손, 발처럼 내 정신의 냉기를 되찾아야 한다.

차갑게 들어오는 것은 가슴을 텝히고
뜨겁게 들어오는 것은 정신을 식히게
그렇게 나는 정신의 기온을 안밖으로 분리, 정돈해야 할 때다.

겨울에는 춥게, 여름에는 덥게.
정신의 기후도 그러해야 하리라.

굴려도 굴려도 결코 물이 되어 작아지지 않는 눈덩이의 차가움을,
거센 망치질에 쇠가 어그러질지라도 끄덕없는 모루의 단단함을,
드넓고 높은 창공에서도 심연의 깊이를 꿰뚫는 독수리의 고독함을 닮은 정신이어야 나의 털끝이 쭈뼛하고 나의 손끝이 움직이고 나의 발끝이 가던 길을 향할 것이니 그 때 비로소 출렁이던 감정도 다시 제각도를 유지하며 평정에 이르리라.

너는 뜨겁지도, 차지도 않고 미지근하기만 하니
나는 너를 입에서 뱉어버리겠다[2]!

갑자기 떠오르는 성경의 강력한 말씀 각인하며!
나의 정신의 온도계가,
나의 감정의 각도계가,
제 자리를 지켜내주길!

---

2 요한계시록 3장 16절

'이성'에 대하여

이성의 절름발이가 되선 안되지.

요즘 들어 책을 읽다 말고 나를 덮친 생각때문에 한참 멍하게 마당을 서성이는 시간이 잦다. 한문장 한문장이 세포속까지 파고 들어 시간 속에 잔재로 남은 기억들과 연계되어 자꾸만 내 앞에 거울을 들이밀기 때문이다. 생각에 빠져 정신을 놓아버린 순간 나는 나를 혼낸다.

생각은 내 것이 아니다.
생각에 빠진 나에게 굳이 혼쭐을 내는 이유는 내가 아닌 녀석에게 침범당했기 때문이다. 생각은 꼬리에 꼬리를 물고, 불현듯, 느닷없이, 나와 무관하게 나를 정신으로부터 분리시킨다. 정신놓고, 넋을 잃고 생각에 빠지는 것이다. 내 의지와는 상관없이 말이다.

그래서, **생각의 주체는 내가 아니다.**
내가 아닌 어떤 주체가 '나도 모르게' 나를 내 정신에서 분리시켜 자기가 원하는 곳으로 데려간다. '정신 차려'란 의식의 명령이 떨어지기 전까지 내 정신은 온통 생각에 부여잡혀 과거의 기억 내지 근거없는 상상속에서 쩔쩔 매며 따라다니고만 있는 것이다. 생각이 많을수록 걱정도, 불안도, 고민도 커지고 오히려 결정을 내리지 못하는 우유부단한 지경에 이르는 이유도 이렇게 생각이 나를 허상과 같은 시공간, 특히 부정과 자꾸만 맞닥뜨리게 하기 때문이다.

인간은 어떠한 현상과 마주칠 때 자신의 기억을 더듬는다. 기억은 정확한 사실(fact)과는 거리가 먼데도 말이다. 지나간 과거의 그 자리로 되돌아가지 않는 한 기억은 항상 부정확을 담보할 수밖에 없다. 정확하게 기억한다고 주장하는 몇이 모여도 그들의 말이 모두 일치하지 않는 경우가 다반사인데 과연 우리가 자신의 기억이 정확하다고 말할 수 있을까?

기억은 과거에서 지금까지의 유한한 시간 속을 유영하면서 들러붙은 또는 갖다 붙인 다양한 요소들과 결합한 채 기억의 어떤 공간 속에 담겨 있다. 보다 구체적으로 말하자면, **기억은 나의 '감정의 강도'에 의해 우선순위**가 매겨져 있는 것이다. '저녁에 뭘 먹을까?' 이런 질문을 하면 의식보다 빠르게 내가 직접 먹어봤거나 간접적으로 보고 들었던 그 음식이 먹고 싶어진다. 과거의 시간 속에서 '가장' 자신의 오감을 자극한 그 메뉴, 그 식당의 음식이 떠오르는 것이다. '어디 가고 싶어?', '어떤 사람이 좋아?', '뭘 하고 싶어?'와 같은 흔한 질문들을 다시 던져봐도 마찬가지다. 과거의 기억속에서 자신의 오감을 가장 자극시켰던 누구와 함께 갔던, 또는 어떤 느낌적으로 강렬했던 그곳, 그 사람, 그 행위를 가장 먼저 떠올리게 된다.

기억은 이렇게 감정에 의해 순서화된 것으로 결코 이성적이지 않다. 이런 단순한 먹고, 가고, 하는 것 외에 좀 더 심층으로 파고드는 질문일 경우엔 더하다. '행복이 뭘까?'라는 질문을 스스로에게 했을 때, 과거 기억속에서 가장 행복했던 그 순간을 떠올리며, '나는 어떤 사람이 되고 싶지?' 같은 질문도 여기저기서 듣고 읽으며 만났던, 부러웠던, 또는 닮고 싶었던 누군가를 떠올린다. 기억은 과거 수십년의 시간들을 모두 담아두지 못하는 물리적 한계로 인해 남아 있는 몇컷 가운데 당시 나라는 사람의 오감에 가장 강한 자극을 남긴 그 것을 답으로 간택한다. 결국, **기억은 지극히 개인적이고 감정적이고 감각적이고 부정확하며 과거지향적인, 편집된 사실의 총체다.**

기억의 속성이 이러하니 기억을 근원으로 한 '생각'의 속성도 이러할지다. 그러니, 나를 이리저리 끌고 다니는 생각은 과거에, 감정의 우선순위에, 그리고 사실과 비사실이 혼합되어 이뤄져 있다 해도 무방하지 않을까? 이런 이유로 나는 **'생각한다'는 것을 '생각에 끌려다니는'** 정신활동이 아닌 **'이성적으로 끌고 가는'** 정신활동이라 전제하고 단정한다.

하지만, 이 같은 단정을 고려할 때, '나는 이성적인가?'라는 질문에 약간 망설여진다. 인간이 동물과 비교되는 기본속성이 '이성적'이라는 점인데 '이성'이 없으면 인간이 아닌데 '이성적'이라 말하려니 뭔가 좀 꺼림직한, 그래서, '이성'이 무엇인지를 탐구하는 정신은 가장 원초적인 인간으로서의 나를 탐구하는 시작에 놓아야 하는 중요한 논점이 되었다.

그럼에도 불구하고, '이성'이라는 방대한 담론에 대해 수천년전 철학자들부터 현대의 뇌과학자들까지 그 본질을 파고 파고 또 파보지만 나는 그 실체가 무엇인지 정확하게 파악할 수 없다는 견해를 밝힌다. 이는 마치, 바다에 사는 물고기가 바다를 결코 알 수 없는 것과 마찬가지다. 무언가를 '안다'는 것은 '전체'로부터 비롯되어야 한다. 가령, 하나의 큰 원(A) 안에 두 개의 교집합을 지닌 두 개의 원(B,C)이 있다고 하자, 큰 원의 시각에서 봐야만 그 각각의 원이 무엇인지 '전체'에서 알아낼 수 있다. 그러니 '전체'의 눈을 가질 수 없는, 경계를 가진 이쪽 원(B)과 저쪽 원(C)이 서로를 '안다'는 것은 불가능하다. **상호 교집합을 지닌 개체의 시선으로는 다른 개체에 대한 완전한 파악은 불가능**한 것이다. 그러니 생명체라는 큰 시선

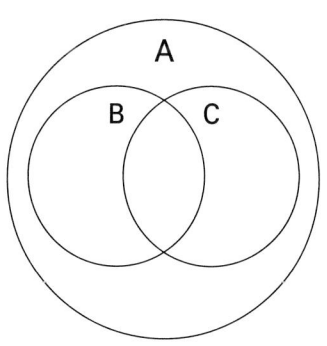

이어야 '인간'을 알 수 있고 '인간'이라는 큰 시선이어야 '이성'을 알 수 있다. 따라서, 아직 죽어보지 못했으니 '인간'을 다 안다고 할 수 없고 '인간'으로만 살아봤으니 전체 '생명체'의 시각을 가질 수도 없다.

이런 이유로 나는 인간의 이성이 무엇인지 개념화할 자격은 없는 것이다. **인간이 인간의 이성을 탐구하는 것은 분명 어떤 결여를 지닐 수밖에 없다.** 그렇다고 이성이 무엇인지 몰라도 된다거나 이성에 대한 탐구를 무시하겠다는 의미는 아니다. 이성이란 방대한 담론을 논함에 있어 정확도나 완벽성을 바라거나 자만하지 않겠다는 의미다. 그래서, 나는 그저 나를 '이성적 동물'이라는 범주에 가두고 '이성'을 탐하는 것에서 자족하려 한다.

A를 정의한다고 하자. 정의내리는 행위는 원래 '어떤 것'을 다른 것들로부터 분리해내는 작업이다. A가 B나 C가 아니라 바로 A인 이유, 즉 A의 본질을 드러내어 그 본질 속에 A를 가두는 작업이다. 본질을 드러내어 다른 것들로부터 분리하는 언어행위, 그것이 바로 정의(definition)내리는 행위인 것

이다. '인간은 이성적 동물이다'는 정의는 인간을 '이성'이라는 본질 안에 가둔다. 인간은 이성이라는 본질을 토대로 인간 아닌 다른 것들과 구분된다[1].

이성(理性)은 다스릴 리(理), 본바탕 성(性). 즉, '본성을 다스린다'는 뜻이다. 글자대로라면 철저히 본능에 의존해 사는 동물이 더 이성적이라고 해도 이견이 없을 법한데 굳이 '이성'을 인간 쪽으로 능력을 배치시켰다면 필히 이럴 것이다. 인간에게는 동물적 본능 외에 분명 또 다른 방향으로의 본능이 진화된 것이다. 후천적 반복훈련으로 각인된 것이 재구조화되고 새로운 형질로 재탄생되며 거기서부터 또 다시 훈련, 반복, 각인, 재구조화의 회귀를 통해 진화를 이끄는 무언가가 굳이 인간과 동물을 구분짓는 기초경계가 되었을테고 이것을 '이성'이라 이름 붙인다면, 조금은 엉뚱하고 부족하고 단순하지만 이성이 무엇인지 어느 정도 가늠할 수는 있겠다. 이 가늠은 아주 얇은 거미줄처럼 눈에 잘 보이지 않을지라도 태풍에도 끊어지지 않는 강력한 내구성으로 나의 사고의 맥이 되어주었다. 이 가는 줄 하나가 더 넓되 더 촘촘하게 그리고 심지어 입체적으로 사방에 줄을 뻗쳐 스스로 달려드는 나방들을 면적으로, 접착력으로 꼼짝 못하게 만들어 주었다.

이성에 대한 작은 탐구의 시작은 나의 사고체계에 외부로부터 투입, 흡수되는 진보적 지식들을 기존의 보수적 질서로 짜여진 거미줄에 착착 달라붙게 하여 다시 더 촘촘하고 세밀한 신질서로 배열시키는 확장가능한 강한 궤를 만들어 줄 중심맥이 되었던 것이다.

앞서 '생각'은 '내가 주체가 아니며 생각의 속성은 과거'라고 했다. 그러니,

---

[1] 노자의 목소리로 듣는 도덕경, 최진석, 소나무

우리는 '생각'보다 더 큰 전체, 그러니까 생각을 관장하는 '의식'의 눈으로 이성을 탐구해야 한다. 따라서, **'생각'하지 말고 '의식'해야 한다.** 이 '의식'에서 '이성'은 작동되어야 한다. 의식의 범주에서, 의식의 힘으로, 의식이 이끄는 방향을 따라야 '이성'이라는 이름을 붙일만한 자격이 있다 하겠다. '이성'은 인간에게 부여된 '의식'의 범주에서 보다 삶에 밀착된 개인으로 살게끔 활용되어질 때 비로소 가치있다. 다시 말하면 '의식'하지 않는, **'의식의 확장'이 없는 생각을 고수하는 이성은 낡은 또는 고장난 이성**이다. '오류'가 싹트는 지점이 이 곳이다.

여기서 나는 '이성'을 '지성'이나 '인식'과 구분짓고 넘어가려 한다. 지성은 지적인 면에서, 인식은 지성이 내 사고에 질서화된 것으로서 간단히 언급하고 지성의 측면에서 나는 이미 기계에 서서히 패하고 있다고 해도 과언이 아니라 여긴다. 유발하라리의 말처럼 '이미 지금 우리는 그 전모를 진정으로 이해하는 사람이 아무도 없는 거대한 데이터 처리 시스템 속의 작은 칩이 되어 가는[2]' 시대에 살고 있기 때문이다. 거대한 알고리즘이 나의 뇌를 늘 주시하며 나는 기억조차 하지 못하는 어제의 나를 기억하고서 노트북을 켜자마자 어제 내가 클릭했던 그 사이트를 노트북 오른쪽 하단에 띄운다.

이와 같은 사실이 인식된다면 나의 의식은 깨어있는 것이다. 인지한 것이 인식되는 것은 '의식속에서 이성이 작동'하는 것이다. 이렇게 이성은 지성과는 다른 또는, 더 크게, 단순히 실험이나 데이터로 검증된 나름 '과학'이라고 불리는 범주의 것을 포함하여 더 확장된 방향으로 나의 사고를 이어가야 한다.

---

2 21세기를 위한 21가지 제언, 유발하라리, 김영사

여기서 다시 한 번 나에게 질문한다. '나는 어떤 심오한 결정을 할 때 무엇을 기준으로 삼는가?' 대부분 성공자들은 자신의 계획이나 지식이 아무리 자신을 설득하더라도 **직관**이 이끄는 방향을 따른다고 한다. 이성의 절름발이가 되지 않으려면 직관을 키우고 이를 따라야 한다. 과학적으로 검증되지 않고 구체화, 정량화, 선형화될 수 없지만 결코 무시할 수 없는, 무시해서도 안되는 섬광과도 같은 직관. 계량화되지 않기에 과학적이지 않다는 이유로 이 직관을 무시한다면 몽테뉴의 말처럼 '이성의 절름발이'[3]요, 니콜라스 나심탈레브의 말처럼 '바보지식인'[4]을 스스로 자처하는 꼴이다.

지식은 변한다. 따라서 인식도 늘 새롭게 구조화되어야 한다. 인간은 매일 새로운 하루를 살기에 매일 새로운 선택을 하며 선택은 판단을 유도하고 기존의 판단은 새로운 판단으로 대체되고 있다. 늘 새롭게 판단해야 하는데 기존의 지식에 의존한다는 것은 낡은 지식 내지 지식의 오류 속에서 헤매겠다는 어리석은 각오를 다지는 격이다. 그런데, 어제를 산 결과로 오늘 새로운 판단을 해야 한다면 분명 무언가가 보태지지 않는 한 어제와 같은 오늘을 살게 될 것이 뻔하다. 그리 원하지 않기에 우리는 지식을 너머 초월된 지혜, 직관, 통찰과 같은 '비합리적인 이성'을 갈구하는 것이다. 결국, **'이성적 인간'**이란 **'합리와 비합리 모두를 사고할 수 있는 이성'**을 의미한다.

자, 어떻게 늘 낯설고 불안한 판단 앞에 우리는 현명할 수 있을까? 분명히 새로운 판단에 유리한 무언가가 보태져야 한다. 그 '무언가'가 **'오늘을 산 경험'**이다. 산다는 것은 겪었다는 것이며 겪었다는 것은 무언가가 체화된 것이

---

[3] 나는 무엇을 아는가, 몽테뉴, 동서문화사
[4] 블랙스완, 니콜라스나심탈레브, 동녘사이언스

며 체화는 온몸이 받아들였다는 의미다. 나의 지식과 오감을 너머 육감이라 불리는 직관에까지 오늘 나의 경험은 영향을 미쳤다. 그래서 우리는 매일 낯선 새로운 판단을 하면서도 지혜로워질 가능성을 열어둘 수 있으며 그렇기에 오늘보다 나은 내일을 기대할 수 있고 그렇게 진화되어 가는 것이다. 판단이라는 단어에 국한해서 이성은 '논리'로 작동하기에 우리는 동물과 구분되는 '이성적'이라는 단어를 부여받을 자격이 있다. 경험이 직관으로 연결되어 도출한 판단은 분명 단순한 '의견'을 너머 '이성'이 뒷받침된 '주장'이자 '현명한 판단'에 가깝다.

따라서, **인간의 이성이란**
지식의 양을 쌓거나 쌓아진 지식을 다듬어
인식을 구조화시키는 작업에
직관이라는 섬광의 옷을 입힌 정신활동의 총체를 의미한다.

한마디로, 이성은 지식과 경험과 직관의 총체이며 이런 이유로, 이성은 지성이나 인식보다 더 광범위한 범주이고 동물과 구분되는 인간의 소유인 것이다. 이에 대해 김우창교수는 '이성은 단순한 방법의 수련이 아니라 삶의 여정에서 길러진다[5]'고 참으로 명쾌하게 언급했다.

우리는 시인과 철학자들이 제시하는 참된 지침을 따르기 전에 우리 자신의 마음에 번개처럼 스치는 섬광을 발견하고 관찰하는 법을 먼저 배워야 한다. 그러나 우리는 얼마나 자주 섬광처럼 찾아오는 그 직관을 미처 주목해 보지도 않고 습관처럼 지워버렸던가? (중략) 이 가르침을 들어라! "반대편에서 어

---

5 깊은 마음의 생태학, 김우창, 김영사

떤 시끄러운 외침이 들리더라도 따사롭고도 과감하게 자신의 자발적인 신념과 직관을 따르라. 그렇지 않으면 내일은 어떤 낯선 이가 다가와 따져 물을 것이다. 그대는 늘 무엇을 생각해 왔고, 무엇을 느껴 왔는가?" 나에게 번개처럼 스치는 섬광을 발견하고 관찰하지 않은 이유때문에 한없이 초라해 보이는 자신을 부끄러워해서야 되겠는가[6]?

인간은 생각하지 말고 의식해야 하며 이 모든 과정에서 신이 내린 '이성'이라는 선물을 내 것으로 누리는 것은 인간만의 권리다. 그러니, 생각을 버리려는 수고 대신 이성을 훈련시키는 수고가 더 낫지 않을까? 이 수고로움은 이성이 스스로 이성을 키우는 작업을 도울 것이다.

이 과정은 지극히 단순하다. 우리는 매일 하루를 산다. 산다는 것은 수많은 현상을 겪는다는 것. 모든 현상을 이성을 키울 기회로 삼으며 능동적으로 이성을 출동시키면 된다. 현상에 지배당하는 수동적인 태도 말고 현상에 능동적으로 내 시선을 머물게 해보는 것이다. 그렇게 이면을 들여다보기 위해 데카르트가 알려준대로 나를 '의심'부터 해야 한다. 의심하면 판단을 보류, 유보하게 된다. 그리고 수많은 질문이 나를 강타하더라도 천천히 스스로가 옳다고 믿는 그 방향으로, 자극으로 전해진 비합리적인 감각과 내 속에서 파편적으로 떠오른 지식과 경험을 연결시키는 것이다. 어떻게 연결되든 상관없다. 다시 논리를 만들면 되니까. 논리를 아는 자는 논리의 오류도 찾아낼 수 있고 낡은 논리를 새논리로 생성해낼 수 있으니까.

---

6 자기신뢰철학, 랄프왈도에머슨, 동서문화사
7 방법서설, 데카르트, 문예

이성이 제대로 갖춰지려면 나름의 절차가 있다. 인간은 누구나 감각으로 현상을 느끼기에 이성도 감각의 체험에서 벗어날 수는 없다. 감각으로 전해진 현상에 대해 감각적 판단이 아닌, 현상의 이면을 보고자 하는 지력으로부터 이성은 출발한다. 그래야 기존의 인식에 새로운 논리가 보태지고 현상에 대한 다른 관점, 뾰족한 시선, 더 큰 시야를 확보하게 되는 것이다.

이로써 나의 지력은 더 강한 힘을 갖추게 되고 이 과정이 이성이 새로운 이성으로 스스로를 키워내는 '이성적 사고활동'이다. 이러한 회귀와 순환운동이 더 큰 나로, 더 나은 하루로, 더 넓은 의식의 세계로 나를 진입시키는 이성의 역할이다. 이 역할이 제대로 운영되려면 앞서 말했듯이 내 눈은 보이지 않는 이면을 향해서 날카로워야 할 것이며 날카로움에 아프더라도 굳어진 지성의 파괴를 허락해야 한다. 파괴된 지성은 물러나거나 새로운 지성과 재결합해 다시 과감한 질서로 내 사고체계를 건설할 것이다.

이와 같은 이성의 절차와 역할활동의 건설로서
이성이 작동해야,
이성이 내 삶을 운용해야,
이성이 나의 감정을 이겨내야
나는 비로소 동물과 구분되는 '이성적 인간'임을 스스로 증명하는
진짜 **'이성적 사고'**를 지닌 인간인 것이다.

'교육'에 대하여

내 인생이 날 낙마시킬 '훈련되지 않은 말'이라면?

'교육에 대한 많은 논의와 저서가 나오고 있습니다만, 이 간단하고도 위대한 개념을 완전히 파악하여 실천에 옮길 수 있는 사람을 별로 만나보지 못했습니다[1].'

괴테의 소설 속 주인공인 빌헬름의 고백에 나 역시 동감하고 반성한다. 교육에 몸담고 있는 교육자로서, 이 세상을 먼저 살아가는 기성세대로서, 닮아도 좋을 인생으로 보여져야 하는 어른으로서, 자신의 자리를 지켜내야 하는 사회구성원으로서, 두 생명을 세상에 내놓은 부모로서, 그리고 나의 미래를 책임져야 하는 나 자신으로서 나는 '교육'의 주체가 되어야 할 한사람인 것만은 분명하다.

우리 모두는 누구나
'교육의 주체'이고 그래야만 한다.

교육(education)의 어원은 '밖으로(ex) 끄집어내는(duce)' 것. 교육의 본성

---

[1] 빌헬름 마이스터의 수업시대, 괴테, 민음사

에 대한 거대한 명제를 실천하고자 하는 책임의 하나로 이 글을 시작하는 지금, 나는 살짝 비장해진다. 긴 시간의 숙고와 강도높은 지적통증이 과연 옳은 사고로 재창조되었는지에 대한 시비(是非)와 수준을 논하기 전에, 지금 드러내는 나의 '교육'에 대한 견해 내지 주장에 더 나은 누군가의 지성이 보태져 교육의 본질에 우리가 더욱 근접할 수 있길 바라는 맘 간절하다.

'교육에 대하여'의 결론부터 내리자면, 교육은 삶으로 직결되어야만 한다.
'앎'을 '삶'으로.
어쩌면 지금 내어놓는 나의 견해 역시 **'앎'을 '삶'**으로 이어가는 길고 구불구불한 화살표의 어디쯤이지 않을까 싶다.

앎 ⟶ 삶

우리는 사물을 보고 만지고 듣고 느낀다. 즉, '감각'이 세상과 나를 잇는 1차 연결체계다. 이어 물리적으로 연결된 사물과의 관계는 비물리적 체계인 감정과 '느닷없이' 연결된다. 보고 들은 것이 심장을 두근거리게 하며 난생 처음 설레는 감정을 유발하는 것처럼 감각은 감정으로 연결된다는 의미다. '느닷없이' 느낀 감각이 '의아함'으로, '의아함'은 기존에 형성되어 있는 이념이나 사상, 즉 정신에 연결되고야 만다.

한 마디로, '실존적인 느.낌.', 즉 오감으로 직접 느끼는 감각과
'초월적인 느낌', 즉 오감 너머 또 다른 자극으로의 유동성을 지닌 감각은 그 대상의 형상과 현상을 형이상학적인 '개념'으로 나에게 각인시킨다.

교육이란 직접적으로 나와 부딪히는 '실재'를 '실재가 아닌 것'과 연결시킴으로써 형이하학의 세계인 '일상'을 형이상학적인 초월로 이끌어 세상에 제대로 쓰이게 돕는 방향으로 이뤄져야 한다. **실재를 초월로 이끄는 연결!** 이것이 '교육(敎育)'이다. '육(育, 기르다)'을 통해 이뤄야 하는 것은 실존과 이상의 연결로 현상을 초월하는 것이어야 한다. 초월한다는 것은 성장한다는 의미로 해석해도 무방할 것이다. 따라서, 교육은 **형이하학적 범주의 앎을 형이상학적 삶으로 연결짓는 다리(bridge)**로서의 기능에 그 역할이 있다고 하겠다. 그것이 교육의 참된 방향인 '영적진화[2]'로의 길이다.

지혜의 철학자 '발타자르 그라시안'은 '진정한 교육은 두뇌를 연마[3]'하는 것이라 했고 내가 경외하는 '올더스헉슬리' 역시 '교육을 통해 반드시 달성해야 하는 목표 중 하나는 좋든 싫든 마땅히 해야 하는 일을 제때 해내는 능력을 기르는 것[4]'이라 했으며 '몽테뉴'는 '교육의 목적이 글을 배우는 데에 있지 않고, 사람을 만드는 것[5]'에 있다 했으니…

우리는
화학을 아는 것과 조리하는 것
지리를 아는 것과 세계를 아는 것
생물을 아는 것과 자연을 느끼는 것
체육을 아는 것과 스포츠를 하는 것
수학과 경제학을 아는 것과 거래하는 것

---

2 올더스헉슬리는 그의 책, '영원의 철학'에서 교육의 참의미는 '영적진화'에 있다고 했다.
3 나를 아는 지혜, 발타자르그라시안, 하문사
4 영원의 철학, 올더스헉슬리, 김영사
5 에쎄, 나는 무엇을 아는가, 몽테뉴, 동서문화사

국어를 아는 것과 쓰고 읽고 표현하는 것
음악미술을 아는 것과 감상하고 느끼는 것
철학을 아는 것과 직접 그 지점에서 살아보는 것을
연동시켜 '앎'이 '삶'으로 연결된,
지독하게 건너기 어려운 교육의 다리 위에서 절뚝거리더라도
'학습'해야만 한다.

'학습(學習)'이란 '익혀서(習)' '배우는(學)' 것이다. '습(習)'은 깃(羽)이 하얗게 (白)되도록 무수한 날갯짓을 반복하며 이소하는 새와 같아야 함을 의미한다. 본능에 자신을 맡긴 채 자신이 지닌 모든 힘을 다해 '삶'이라는 곳으로, '생존'으로 자기 '존재'를 들이미는 아가새처럼 자신에게 주어진 길을 찾아 본능적으로 가열차게 배우는 것이 '학습'이다.

이러한 교육으로 인간이 육성될 때 우리는 소리치며 감탄한다.
"캬~ 삶이 예술이야!"

진정한 교육은 나의 앎을 삶으로, 삶을 예술로 승화시키고 이렇게 학습된 교육이야말로 삶의 곳곳에서 출몰하는 부정의 블랙스완[6]에서 나를 구하는 초월적 힘을 지닌다. 그리고 이러한 교육의 힘을 지닌 이에게 우리는 이렇게 얘기한다. '카리스마 있다'고, '지혜롭다'고, 그리고... '자연스럽다'고, '단순하다'고. '뛰는 놈 위에 나는 놈, 나는 놈 위에 즐기는 놈, 즐기는 놈 위에 나누는 놈, 나누는 놈 위에 누리는 놈 있다'고...

---

6 블랙스완 : 도저히 일어날 것 같지 않은, 예측하지 못한 상황으로 인해 예측불가한 상황으로 변화되는 것(니콜라스나심탈레브, 블랙스완, 동녘 사이언스)

모든 인간에게는 교육이 필요한 때가 있다. 질투는 어리석음이고 모방은 멸망이라는 사실을 알기 위해서, 좋을 때나 나쁠 때나 자신의 몫을 받아들여야 한다는 사실을 알기 위해서, 그리고 드넓은 우주는 좋은 것들로 가득하지만 자기몫으로 주어진 땅에서 그저 밭을 가는 수고를 하지 않고는 옥수수 낟알 하나도 절대 얻을 수 없다는 확신에 이를 때가 바로 그 때이다. (중략) 우리 안에 존재하는 힘은 완전히 새로운 것이며, 우리가 무엇을 할 수 있는지는 다른 누구도 아닌 오직 자기 자신밖에 모른다. 또한 자기 자신도 스스로 도전해보기 전까지는 그 어떤 것도 알 수 없다. (중략) 신은 겁쟁이를 통해서는 결코 그 어떤 일도 시도하지 않는다 [7].

이로써 우리는 타당하게 인지할 수 있다. '진정한 교육'이란 '제도적으로 시행되는 교육의 합(合)에 환경, 시류, 인간의 본성까지 모두 조합된 삶의 질적 성장을 일궈내도록 인간을 육성하는 힘'이다. 이 명제를 도출함으로써 이렇게 교육되어진 인간의 숭고하고 경이로운 아름다움에 극한 존중을 바쳐야 할 타당도 확보하게 된다. 그러니까, **교육은 인간을 그 자체목적성에 가장 적합한 아름다운 경지로 이어지게 하는 다리**인 것이다.

불완전한 영혼이 교육을 받거나 준비를 갖추지 않는다면 그 열등한 성질이 갖는 모순이 오래 지속되는 위험에 처하게 [8]된다. 불완전할 수밖에 없는, 이 허약하고 허술하고 가여운 영혼이 배우지 않고 어찌 삶을 온전하게 살아갈 수 있단 말인가? 배움없이 사는 오만한 인간이 되서는 안되기에, 교육되어지지 않아 삶을 모순된 위험에 처박히고 싶지 않기에, 나는 배움에 순종해

---

7 자기신뢰철학, 랄프왈도에머슨, 동서문화사
8 영원의 철학 올더스헉슬리,, 김영사

야만 하겠다.

내가 제대로 교육받아야만 하는 이유는 여러가지다.
첫째, 내 삶을 어느 방향으로 어떻게 설계해갈지 삶의 기준과 수준을 선택할 유일한 1인은 나밖에 없기 때문이며 둘째, 이렇게 나부터 삶의 질을 높이는 것이 인간의 속성상 어쩔 수 없이 관계맺어진 나와 연관된 모두를 위한 의무이기도 하고 셋째, 배운 모든 것을 이치에 맞게 따르는 삶의 경이로움을 체화하여 하잘것없는 한 인간의 삶이 소중하고 귀한, 존재가치있는 무언가가 될 수 있음을 증명해내는 1인이고자 하는 욕구가 실현되어 내 삶이 인간다운 삶의 진짜와 가짜를 구분하는 또 하나의 증거가 된다면 더할나위 없는 쾌락에 빠져 죽음을 맞이할 수 있으리라는 더 큰 욕구를 충족시키고 싶어서이다. 여기까지 내 사고가 이르니 나는 제대로 된 배움으로 날 교육시키기로 결단하게 되었고 이 결단은 내가 따르고자 하는 길을 찾아 걷는 의무감으로 변화되었다.

오만을 버리고 배움에 무릎꿇은 채 깃털이 하얘지도록 연마된 학습이 예술로 승화되었을 때 우리는 감히 돈으로 값을 매길 수 없는 가치와 격을 지닌 삶의 주인이 된다. 즉, 예술같은 삶을 만드는 지름길은 까치발이라도 딛고 서 있는 바로 '지금', '여기'에 시선을 고정시키고, 현실을 제대로 직시하는 것으로부터 시작된다.

이에 대해 성공학의 대가인 'O.S.마던'은 브룩스 주교의 말을 빌어, '무거운 짐을 짊어지고서 고통을 겪는 사람이 있다고 하자. 그 사람의 짐을 대신 들어줘봤자 실제로는 아무런 도움이 안된다. 어차피 짊어져야 할 짐이라면 숨어 있는 정신 에너지를 밖으로 끌어내 고통을 견딜 수 있게 해야 한다. 이것이 진정으로 돕는 길이다[9].'라고 정확하게 지적했다.

거듭 강조하지만, 진정한 교육은 그 자체 의미대로, 개인의 내면에 지닌 힘을 끄집어내는 것이다! 실재과 이상을 연결하는 다리 위에서 내 육체는 분주하고 성실하게 마음과 세상을 오가며 수없는 거래를 성사시키면서 이 모든 조합을 초월로 승화시켜야 한다. 이렇게 나와 세상을 오가고, 정신과 손발의 성실함이 나의 삶이어야 한다. 배움이 힘들고 어려워도 여기서 부지런을 떨지 않으면 내 삶은 세상 여기저기에서 '훈련되지 않은 말[10]' 취급을 당하게 될 테니 말이다.

'훈련되지 않은 말'은 목적지를 모른 채 이리 뛰고 저리 뛰며 자기 감정대로 발광하다 주인을 낙마시켜 목숨을 잃게 만든다. 내 삶을 훈련받지 않은 말처럼 내팽개치려면 배움을 거부하거나 제대로 배우지 않으면 된다. 아니까 더 이상 배울 게 없다고 큰소리치거나 모르면서 아는 체하며 비굴하게 굴거나 모르면서 안다고 우기면 된다. 그렇게 훈련되지 않은 말에서 낙마하듯 내 삶이 날 낙마시킬 것을 예정하고 살면 된다.

우리는 또 교육의 위험성에 놀라지 않을 수 없는데 이 위험성에 대해, 성현들의 한탄을 직접 경청하고 깨달아야 할 필요가 있다. 이들이 살던 시대와 지금은 너무나 다른 세상이지만 교육에 대한 이들의 글을 접하면 그 때나 지금이나 별반 달라진 것이 없음도 느낀다. 교육이란 시대나 환경과는 무관하게 지

---

9 강철의지, OS마던, 오늘의 책
10 그리스철학자 '아리스티포스'는 교육을 받은 자와 받지 않은 자를 '훈련된 말'과 '훈련되지 않은 말'에 비유했다.

향하는 방향과 바탕이 되어줄 동일할테니 말이다. 먼저, 저 세상에서라도 꼭 직접 만나보길 염원하는 철학자, 디오게네스의 지적이다.

경주할 때에는 옆 사람을 팔꿈치로 치거나 발로 차거나 해서 사람들은 서로 겨루는데, 훌륭하고 선한 인간이 되는 것에 대해서는 누구 한 사람 서로 겨루려고 하는 자가 없다. 음악가가 리라의 현은 가락을 맞추는데 자신의 영혼의 상태는 부조화인 채로 있는 것. 수학자들(천문학자)이 태양이나 달에는 눈을 돌리는데 자신의 발밑에 있는 일은 지나쳐 버리거나, 변론가들이 정의에 대해서 논하는 데에는 매우 열성인데 이를 조금도 실행하지 않고 있다는 것, 돈을 좋아하는 사람들이 돈을 헐뜯고 있는 주제에 이를 지나치게 선호하고 있는 것, 재산보다도 뛰어나다는 이유로 올바른 사람을 칭찬하면서도, 다른 한편으로는 크게 재산을 축적한 사람을 부러워하는 자들, 건강하기를 바라는 마음에서 신들에게 희생을 바치면서 바로 그 희생식의 와중에 건강을 해칠 정도로 성찬을 드는 것, 무엇보다 주인들이 게걸스럽게 먹는 것을 보면서도 주인이 먹는 것을 무엇 하나 빼앗으려고 하지 않는 노예들[11] ...

이번엔 벤저민 프랭클린의 자서전에 수록된 내용으로 그가 벤저민 보건에게 받은 편지 가운데 일부이다.

아주 오랜 세월동안 표지판 하나 없는 어둠 속에서 헤어나지 못하고 있는 사람들을 보고도 나 몰라라 할 수는 없지 않습니까? 선생님, 자식들과 부모들에게 얼마나 할 일이 많은지 보여주십시오. (중략) 우리는 정치가나 군인들이 인간에게 얼마나 잔인할 수 있는지, 유명세 있는 사람들이 주위 사람들에

---

11 그리스철학자열전, 디오게네스, 동서문화사

게 얼마나 어리석은 짓을 할 수 있는지 보고 있습니다. 그럴 때에 그보다 훨씬 더 평화스럽고 순응할만한 방법들이 있다는 것을 알게 된다면 교훈이 될 것입니다. 그리고 어떻게 큰 일을 하면서 가정적일 수 있고, 부러운 위치에 있으면서도 상냥할 수 있는지 보는 것도 도움이 됩니다 [12].

두 성현의 글을 읽으며 나는 알게 되었다.
인간이 추구하는 덕(德)에 대해 그 시대나 이 시대나
제대로 교육되어진 이는 드물다는 사실을.
이는 '제대로 배우려는 사람'이 드문 것이고
'제대로 배우는' 행위는 힘들고 어려운 고행이라는 사실을,

하지만
'제대로된 배움'은 언제든 인간의 갈망하는 대상이며
우리 모두가 바라는 세상은, 삶은
시대를 막론하고
'제대로된 교육'만이 해답이라는 사실도.

통찰이 깊을수록 명제는 단순해진다.

정리하면,
교육은 나의 실존과 형이상학적 이상을 연결시키는 다리이며
이 다리에서 깊이를 더하고 너비를 확장시키기 위해
쉬지 않는 타진과 점검을 지속하는 행위가 '학습'이며

---

12 프랭클린 자서전, 벤저민 프랭클린, 김영사

이 학습의 강도와 정도, 탁도를 통해
내 삶은 보다 우아하고 고귀하게,
영구적인 가치를 지닌 예술로 승화된다.

이렇게, 교육은 인간을 공.부.(工夫)시킨다.
'공(工)'은 천(天)과 지(地)의 연결이며
'부(夫)'는 천과 지를 연결하는 주체가 사람(人)이라는 뜻이다.

즉, '공부한다'는 것은 세상과 사람을, 앎을 삶으로 연결짓는 행위이며 이 연결다리가 '교육'이고 다리 위에서의 치열함이 '학습'이다. 이제 우리는 배움에 대한 자신의 깊이있는 재고, 숙고를 위해 스스로에게 질문을 던질 필요가 있겠다.

지금껏 교육, 학습, 공부의 의미를 제대로 나는 알고 있는가?
이 교육이라는 다리 위에서 나는 제대로 학습하고 공부되어지고 있는가?
나의 공부가 나의 후손, 내가 사랑하는 이들, 나아가 이 세상에 바람직한가?
그리고, 지금부터 나는 무슨 교육을 어떤 태도로 학습할 것인가?
정작... 나는 지금 이대로 괜찮은가?

과연,
내 인생이 '훈련되지 않은 말'은 아닐까...
내 인생을 '훈련된 말'이 되게 하려면 어떤 배움에 순종해야 하는가?

'독서'에 대하여

새벽독서, 결코 멈출 수 없는 이유

내가 책공부를 결코 멈출 수 없는 이유는 나의 다채로운, 하지만 요란과 곤란과 현란한 삶 속에 진입하는 대인, 대상, 대물. 즉, 사람과의 관계, 현상, 일상과의 관계, 도구, 환경과의 관계에 있어 더 높은 차원의 이해를 구하고 지독하게 날 훼방놓는 것들로부터 안전하게 나의 정신을 지켜 내가 서 있어야 할 곳에 제대로 서 있기 위함이다.

7년간 멈추지 않았던 새벽독서를 돌아보며 무엇이 이 자리를 지키게 했는지 정리해본다.

무엇보다 정신이 제자리를 지키게 하기 위해서다.
정신이 자기 자리를 지키게 함으로써 삶의 여러 범주를 분석, 분류, 분절하여 각 범주마다의 규율을 규정하고 나아가 이 모든 범주를 관통하는 삶의 원리에 따른 자체 운용체계를 갖추어 나의 신체와 감정, 그리고 감각의 중심이 되어주길 바래서다. 내 몸가운데 내가 통제할 수 있는 유일한 하나가 바로 정신이다. 그 체계가 보다 조밀하고 엄밀하게 질서를 잡아야 '정신속에서 부유하는 사고의 틀'인 이성(理性), 즉 이치에 따른 본성이 제대로 작동한다.

이 복잡한 세상, 정신이 무자비하게 난입되는 생각들을 제대로 질서잡지 못하면 동물과 비교하며 굳이 '이성적'이라 구분지은 '인간'의 종에 내가 부합되지 못한다. 체계잡힌 지성의 산실로서 기능하는 정신이라면 분명 때로는 이리저리 헤매고 엉키더라도 결코 늘어지게 하품이나 해대는 이성의 소유자가 되지는 않을 것이다.

또한, 체계잡힌 정신이어야 이성으로부터 강령된 더 명확한 행동으로 나를 꼼짝 못하게 제압할 수 있다. 내 통제 밖에서 자극으로 전해지는 감각이 보낸 찰나의 감정을 제압하는 것도 정신, 감정을 해석하는 것도 정신 해석으로 행동의 강도를 보태는 것도 정신. 이렇게 정신이 '나'를 '인간다운 운용주체'로서 기능하는 데에 중심과 기준이 되어주길 바래서다.

체계잡힌 정신이라면 정신에게 꼼짝 못하고 지령받은 행동, 그러니까 말, 손짓, 표정, 눈빛, 글, 일 등 외부로 표출되는 모든 실행에 있어 나의 초월된 이성이 또 다시 연합, 화합, 결합하여 결속을 다져 진화하고 이러한 진화의 연속과 지속은 내 인생에 충분히, 감사히 유리하다는 판단 역시 확고해졌기 때문이다.

이와 같은 과정으로 형성된 '판단의 질'은 분명 어제와 다를 것이고 진화 역시 속도의 속성대로 가속도가 붙을 것이기에 앞으로 내게 올 모든 시간과 공간은 '내가 원하는 그곳'으로 더 빠르고 확실하게 나를 데려갈 것 역시 확고해졌기 때문이다.

정신덕에 나의 언어에는 혼이 담기고
정신덕에 나의 다리에는 나태가 물러나고
정신덕에 나의 오감은 더 맑게 더 자주 영혼과 밀회하며 더 은밀한 밀담을 나누니 결국, 정신 덕에 나의 육체 모든 기능이 그 율동성에 있어 자유롭고 독창적이며 조화로운 리듬을 즐길 것이기 때문이다.

둘째, 지력(智力)으로 가는 시력(視力)을 키우기 위해서다.
책은 나를 더 제대로 볼 수 있는 시력을 키워준다. 사람이 자기자태를 보기 위해 거울 앞에 자신을 세우듯 자기 내면의 보이지 않는 자태를 보기 위해 내면의 거울인 책 앞에 자신을 세워야 한다. 애덤스미스가 말한 '공정한 관찰자[1]'로서의 나를 키워내는 데에 책만한 것이 없다.

'공정한 관찰자'는 나보다 훨씬 개인적으로는 지혜롭고 사회적으로는 윤리적이며, 공공의 덕을 실행하고, 보편적 진리를 감지할 수 있는 시력을 갖추고 있기에 그의 주시(注視)는 나의 현실을 직면시키면서 나의 이성을 훈련시킬 수밖에 없도록 나를 이끈다. 즉, 시력을 키움으로써 지력이 강화되는 효과. 이것이 독서가 내 인생에 제대로 기능할 때 얻는 효과다. 이러한 거울기능으로써 독서는 충분히 가치롭다. 심지어 독서로 강화된 시력은 나를 감시 내지 주시하는 공정한 관찰자의 수준과 자세, 위치까지도 세심하게 살피기에 나도, 나의 관찰자도 함께 키워주는 도구로서 이만한 것이 없다 하겠다.

셋째, 합리와 비합리의 연결을 위해서다.
김우창교수는 비코의 견해를 가져와 '우리가 과학적인 이성에 대한 중요성

---

[1] 도덕감정론, 애덤스미스, 비봉출판사

을 강조하는 것은 '공동체의 양식', 즉, 공통감각으로 인해서인데 이것이 삶의 지혜, 프로네시스나 프루덴티아에 통하고 이러한 지혜가 언어에 밀접한 관련을 가졌다[2]고 말한다. 프로네시스(Pronesis, 실천적 지혜)와 프루덴티아(Prudentia, 신중 또는 판단적 지각)는 학자로서 내가 연구한 중심주제이기도 하다.

글자가 가진 의미보다 훨씬 더 깊고 방대한 해석이 가능한 이 두 단어의 함축된 의미안에서 우리의 이성을 논한다는 것은 인간이라는 바다 전체를 훑어내려는 무모한 시도일 수 있다. 그럼에도 불구하고 해야 한다. 과학적 지성에 초월된 이성까지를 망라하겠다는 무모하고 야심찬 시도이지만 무모와 야심 덕분에 우리는 비코의 견해처럼 '이성'은 과학적인 측면만으로는 부족하니 비과학적 토대를 둔 '지혜'를 연결시켜야 좀 더 완성된 역할을 기대할 수 있음[3]을 깨달을 수 있다.

우리는 이미 비과학의 영역인 프로네시스가 비합리적이 아니라는 상식정도는 있다. 지혜라는 추상적 단어가 인류와 함께 존재했다는 것만으로도 충분히 사회과학의 범주에 진입이 가능하고 창의와 통찰, 직관과 같은 단어 역시 수치화될 수 없으나 사회과학의 범주에서 합리로서 인정받고 있다.

책을 읽으며 바라는 바는, 바로 이렇게 비과학적인 인간의 기능을 과학적인 합리로 연결시켜줄 '초월한 선제적 경험'을 다양하게 얻는 것이다. 간접적이지만 선경험으로 지식화된 수사적 설득에 내가 굴복하는 태도를 가짐으로써

2, 3 깊은 마음의 생태학, 김우창, 김영사

우리는 비합리가 아닌, 다른 차원에서의 합리, 즉, 초월된 이성을 얻고 쌓게 된다. 이 초월된 이성은 미세한 플랑크톤부터 거대한 흑돔고래까지, 이들의 생태계를 총망라하여 연결에 연결을 거듭한 끝에 우습게도 궁극에는 고래가 플랑크톤을 먹고 산다는 단순한 '둥근고리'의 사실적 진리를, 여기와 저기가 연결되어 비과학에서 과학으로 입증된 것을 다시 비합리로 이끌어 내는 변증의 논리체계를 내 이성에 장치시킨다.

이러한 지식의 순환으로 단순한 일상의 소소한 사실들이 전체안에서 자기 고유의 의미를 찾아가는 어마무시하지만 단순한 이치를 경험으로 깨닫게 된다. 선제적 경험의 축적이 응집과 압축, 폭발로 이어진 결과다.

한마디로, 독서는
현상에 대한 단순한 이해관계를 파악하는 수준이었던 나의 지성에
선제적 간접경험을 배치시키고
나의 서사인 직접경험을 보태어
이성에 혼(魂)이 실리는,
합리와 비합리의 연결로서의 초자연적인 이성을
내게 부여한다.

결국,
오감에 대한 나의 이해수준은 해석수준으로 승격되고
해석은 현상의 본질을 들여다볼 수 있는 통찰로,
통찰은 초월적 지성, 즉 지력으로 무장된다.

넷째, 바위를 깨뜨리기 위해서다.
자신이 일상에서 접하는 사물, 대상들의 이해를 돕기 위해,
그 이해를 통해 정신의 질서를 바로잡기 위해,
질서잡힌 이해를 통해 또 새롭게 내게로 올 일상의 해석차원을 높이기 위해,
이 같은 사고의 순환을 위해 데카르트는 반복된 명상[4]을, 에머슨은 실천의 반복과 훈련[5]을 강조한다.

우리는 지금 무엇을 훈련하고 반복해야 한단 말인가?
점검과 검열이다.
한마디로, 성찰이다.

성찰은 반성을 전제한 의식적 의심을 통한 자각이다.
가슴이 아닌, 정신과 다리까지,
모두의 검열이 진정한 성찰이다.

성찰의 반복
이를 위한 토대로서의 독서
독서를 통한 자각

일정시간의 독서가 반복되면
우리는 더 높은 차원으로 일상을 해석하고 일상을 자신의 목적을 너머 공동의 목적으로 연결시키면서 일상을 더 진실되게 지켜낼 수 있을 것이다.

---
4 방법서설, 데카르트, 문예
5 자기신뢰철학, 랄프왈도에머슨, 동서문화사

인간을, 자신을 탐구한다는 것은

계란으로 바위를 깨뜨리는 것보다 더 어려운 난제인 것만은 분명하지만 계란과 같이 나약한 나는 바위처럼 단단한 나의 인식을 깨뜨려 변화시켜야 한다. 그러지 않으면 정체가 아닌, 퇴보다. 인식의 파괴는 새로운 나, 온전한 나, 진짜 나로의 진화를 위한 필요조건이다. 계란으로 바위를 깨뜨리려면 '사상(思想)[6]'을 주입하면 된다. 잠재와 초월은 분명 물리와 다른 차원의 힘이기에 지속적인 사고의 주입은 바위도 깨뜨릴 강한 힘을 갖는 훈련인 것이다. 따라서, 독서는 자기파괴를 통한 자기극복을 위한 훈련이기도 하다.

심장과 다리와 머리,
과학적 이성과 초월된 이성이
해석을 너머 사상으로 구축되면
지금의 나를 깨뜨릴 수 있다.
이것이 독서의 위대함이다.

다섯째, **고차원의 쾌락을 경험하기 위해서다.**
독서가 주는 기대이상의 선물은 무한한 자가증식성을 지닌 무형의 자산이다. 활자를 눈으로 접했을 뿐인데 독서가 독서를 이끌다 보면 어느 순간,

남들이 감탄하는 그 지점에서 나는 비판을,
남들이 비판하는 그 지점에서 나는 통합을,
남들이 통합하는 그 지점에서 나는 재창조를 발현한다.

---

6 사상(思想) : 본 글에서는 '논리적 정합성을 가진 통일된 판단 체계'로 개념화한다.

삶의 운용체계로서 자체동력을 지닌 원리를 기준삼는 것은, 내 삶에 느닷없이 치고 들어오는, 또는 늘상 자리하고 있는 불편한 감정들, 불안이라든가 긴장, 조급과 같은 것들이 더 이상 나를 가격하지 못하도록 돕는다.

튼실하게 잡아둔 계획도
세밀하게 줄세운 관계도
성실하게 일궈온 일상도 파괴시킬 용기와 재건설의 의욕이 생성된다.

또한, 정신의 질서를 잡아가는 과정에서 내 시력과 다리, 심장의 근육이 증진됨을 알게 되는 순간, 책이 나를 이끌었는데 내가 책을 이끄는 지점, 수준, 나아가 경지는 누구나 반드시 만나게 된다. 이렇게 자신의 정신에 사상이 견고해지면 양서와 악서를 직감적으로 구분짓고 지금 자신에게 필요한 책이 스스로 자신에게 다가오는 신비감도 분명 경험할 것이다. 나아가 이러한 지성의 보유는 책 너머 어딘가에 존재하는 자신이 다다를 사유세계를 먼저 탐험하고 그리로 가는 수단으로서의 책을 선별하는 자신만의 요령(要領)까지 지니게 된다.

각론하고, 독서는
꼴같잖은 무기들고 설쳐대는 내 얼굴에 찬물을 끼얹고
진짜 꼴값 한번 기대하는 내 얼굴에 열을 올린다

이러한 독서에 대한 믿음은 오늘도 나를 책앞에 경건하게 앉히며
느닷없이 찾아오는 환각적인 **에피파니(epiphany)의 전율**로 나를 이끈다!

'지금'에 대하여

바늘에 찔릴 지 나는 몰랐다.

바늘에 찔릴 지 나는 몰랐다.
돌부리에 걸릴 지 나는 몰랐다.
손톱이 부러질 지 나는 몰랐다.
소나기를 맞을 지 나는 몰랐다.
뒤돌아서 버릴 지 나는 몰랐다.
거기로 가버릴 지 나는 몰랐다.
여기로 와버릴 지 나는 몰랐다.
저 곳에서 멈출 지 나는 몰랐고
그 곳을 쳐다볼 지도 나는 몰랐다.
지금 이 자리에 이것을 위해 이렇게 서게 될 지 나는 몰랐다.

앞으로도 모르겠지.

무엇을 정리하고 무엇을 그대로 둘 지
무엇이 창조되고 무엇이 소멸될지
무엇을 두고 떠날지 무엇을 지니고 다닐 지

무엇이 나를 지탱해줄 지 무엇으로부터 두려움에 떨지
무엇에 내 동공이 흔들릴지 무엇에 내 시력이 초점을 잃을 지
어떤 시간에서 너덜거릴 지 어떤 시간에서 날개를 펼칠지
어떤 연유로 공포에 떨지 어떤 연유로 후련할 지
어떤 용기가 생기고 어떤 패배감에 좌절할지
누가 날 떠밀지 누가 날 받쳐줄 지
누구를 만나고 누구와 헤어질 지
누구에게 웃어주고 누구로부터 울게 될 지
어디서 넘칠 지 어디서 모자랄 지
어디서 막막할 지 어디서 환호할지
어디서 머무르고 어디를 떠나갈지

내 아무것도 모르고 내 인생을 사는구나.
그래서 나는 멈췄다.

바라는 것의 기도도
능동적인 자세도
부탁이나 제안도
잘난 이들과의 모임도
계획하고 판단하는 습성도
형식적인 안부나 인사치레도
모르는 것을 알고 싶은 호기심도
새로운 정보를 탐색하는 잔재주도
맛있는 먹거리를 탐닉하는 재미도

근사한 자태로 꾸미려는 겉멋도
징징거리고 투덜대는 탓과 원망도
스스로를 의심하며 재단하는 진지한 감성도
이런 것들을 시간에 주렁주렁 달고 다녔다니…
난 참 어렵고도 힘들고 소란스럽게 지금껏 살아왔구나.

그래서 나는
찾았거나 찾는 중이거나 찾을 예정이다.

이치가, 섭리가, 원리가 무엇인지
궁극의 행복과 자유가 도대체 무엇인지
내 하고자 하는, 하고 싶은 바가 무엇인지
자연이, 우주가 내게 원하는 것이 무엇인지
내게로 오는 감각과 흐름에 따르는 것은 어떻게 하는지
현실의 나를 이끌 영혼의 자극, 심연의 소리는 또 어떠한 것인지…

아무것도 모르는 '**무지**'의 상태에서
'오늘'을 사는 것만이 명쾌한 현실이라는 것을 아는 지금,
과거의 미련스런 음미(吟味) 관두고
미래의 맛깔나는 감미(甘味) 관두고
현실의 드러나는 의미(意味)와 손잡기로.

어떻게든 내 현실로 침투하고픈 숱한 작은 것들이
쉴새없이 나를 훼방놓겠지만

이제 안다.
내가 제아무리 머리를 굴린들
 그 어떤 것도 알아낼 재간이 없다는 것을.
그래서, 이제
아무것도 안한다.

인생의 지도 한 장 손아귀에 쥐었으니
현실의 숱한 것들이 지금을 가격해도
그저 지도보며 걸으면 그 뿐.
오는 대로 받고 가는 대로 보내는
그렇게 지도따라 '지금'을 사는 것이 유일한 나의 일이다.

이 세상의 어떤 사소한 것도 함부로 상상해서는 안 된다. 이 세상의 모든 것은 예측할 수 없는 숱한 작은 것들이 합쳐진 것이다. 사람들은 상상속에서만 그런 것들을 간파하고 서두르다 보니 그것이 빠져 있다는 것조차 알아채지 못한다. 그러나 현실의 모든 것은 속도가 느리고 말할 수 없이 상세하다[1].

바늘에 찔린 '지금'도
느리지만...
말할 수 없이 상세하게...
조화를 위해 내게로 온 흐름인 것을...

---

1 말테의 수기, 릴케, 민음사

'워라벨'에 대하여

탓할 것이 지천이니 타협도 지천이지.

'위대한 북클럽'은 사업가, 예술가, 직장인, 교사, 작가 등 다양한 업에 종사하는 분들이 함께 한다. 그 중 이름만 들어도 알만한 유명한 고등학교교사가 함께 했었는데 이 분이 책공부를 해야겠다 맘먹은 이유는 '지금껏 교사가 천직인 줄 알았는데 나의 교육관과 너무나 맞지 않다. 대학을 보내기 위해서 인성이 배제된 채 기계적으로 아이들에게 주입해야 하는 교사가 되어가니 마음이 너무 힘들다'였다. 아마 대다수의, 특히 특목고나 외고의 교사들에게 이러한 고민은 더 심하지 않을까. 교사가 가르치는 것이 목적이 아닌, 진학결과로 평가받는, 학생을 상대로 사업하는 그런 느낌...

**우리의 교육이 이렇게
전락, 추락, 심지어 타락한 듯 느껴지는 것은 비단 나만의 느낌일까?**

작년, 학과장과의 대화에서도 비슷한 것을 느꼈다. 정권이 바뀌면서 계속 변화하는 교육부의 지침에 따라 도대체 자기가 교수인지 행정직원인지 모르겠다고, 자신은 아무런 능력이 없다고 토로했다. 이해는 가지만... 현장에, 최일선의 이들이 조금만 힘을 낸다면(솔직히 말해, 더 정신을 붙들어 맨다면,

더더 솔직한 말로 타협하지 않는다면) 우리, 이 당면한 제도에, 형식에, 권력에, 자본에 얽매인 압박을 조금은 변화시킬 수 있지 않을까 싶은데 다들 교육탓, 정치탓, 세상탓, 자기환경탓, 탓탓탓이 길고 많다.

**탓할 것이 지천이니
타협도 지천인 것을...**

우선, 단어에 대한 독자와의 합의를 위해 아래, 나의 조작적 정의를 기본 전제로 두고 이야기를 풀어가겠다. 때론 우리가 인식하고 있는 단어가 상투적인 인식에 그치는 오류로 인해 화자와 청자의 대화가 겉돌기도 한다. 저자와 독자도 마찬가지다. 따라서, 오답이야 있겠냐마는 개인마다 차이를 둔 단어로 인해 서로의 혼란을 방지하기 위해 합의하는 과정은 중요하다.

목적은 세상이 내게 명령한 것으로, 세상이 진화와 조화를 위해 원하는 방향.
목표는 목적을 위해 정량화된 기간내에 드러내야 할 실체
방법은 목표를 향해 가기 위해 내지 달성하기 위해 필요한 도구 및 수단.
계획은 방법을 어떻게 이용할지 일정기간 해내야 할 역할의 단계.
스케쥴은 계획을 시간단위로 쪼개어 해내야 할 구체화된 행동명령.
루틴은 위의 모든 것들로부터 추출된 행동의 우선순위 리스트.

교사나 교육에 대한 거론을 하고자 하는 글은 아니지만 언급했던 특목고 교사와 학과장을 예로 들자면, **교사**는 교육을 하는 사람이며 **교육**의 본질, 즉 목적은 외부로부터의 주입이 아니라 '끄집어내는[1] 것'이어야 하며 '학습'을

---

[1] 교육(Education)의 어원은 ex(밖으로)+duce(끄집어내다) 이다.

통해 '공부'를 알려주는 인간육성을 위해서여야 한다[2]. 결국, 이러한 업을 가진 자가 **교사(教師)**이며 업을 수행하는 수단이 자신이 가르치는 **과목**이다. 이런 의미에서 '교육'의 목적과 '교사'로서의 목적을 모두 담아 '교사'와 '학생' 간의 목표를 세우고 그 방법인 '과목'을 중심으로 교과계획을 구성, 설정한다면 충분히 '대학 보내기'나 '취직시키기'를 너머(또는 통해) '인간 육성'이라는 궁극의 목적에 다다를 수 있는 것이다.

모든 일이 그렇다.
그 일에는 그 일이 가진 그 일만의 본질이 있다.
그 일은 그 본질로 가야만 할, 그 길이 있다.
그 일은 그 길을 제대로 가기 위한 방법을 이미 본유하였으며
그 일은 그 방법으로 쌓아야 할 양이 있고
그 일은 그 양이 쌓였을 때
결국, 그 목표에 도달하고 그 목표의 방향은 궁극의 목적을 향하게 된다.

여기서 우리는 **자신의 길 위에 서 있는 데에는 반드시 이유가 있다**는 점을 다시 한번 상기할 필요가 있다. 그 이유때문에 일의 본질과 자신의 본성이 어떻게든 상호선택하에 만났기 때문이니 그 이유를 증명해내는 것이 일의 목적이라 말할 수 있겠다. 그러니, 그 방향으로 목표가 정해지고 목표에 의해 계획이 세워진 후 '마땅해 마지 않는' 행동이 반복되면 '일이 단순한 물리적, 일시적인 수단을 너머 가치있는 자신의 삶'의 훌륭한 도구가 되는 것이다. 이런 관점을 지녔기에 **워라벨(work & life balance)**이라는 말을 나는 거부한다. 이 단어는 전제부터 일과 삶을 분리하고 있으니 말이다.

---

[2] 본 글 '교육'에 대하여 – 내 인생이 날 낙마시킬 '훈련되지 않은 말'이라면? (p.96) 참고

내가 지금 해야 할, 하고 있는 이 업에
과연 목적이, 본질이 무엇인지를 혹 잃어버리지는 않았을까?
내가 지금 수단과 목적을 헷갈려 하거나
혹은 수단만 남기고 목적은 상실한 것은 아닐까?
또는, 대단히 미안하지만
뽀다구나는 명함 들고 그 수단만 즐기며 목적은 외면해버린 것이 아닐까?
내가 지금 계획하는 것이 목적을 향하는지 점검할 능력이 없거나
점검해야 할 필요를 모르는 무지에 빠진 것은 아닐까?
그리고!
내가 지금 하고 있는 일에 어떤 가시화된 의도만 담겨 있지는 않을까?
가령, 돈이라든가 주변평판이라든가 사회적 서열이라든가...

교육에 몸담은 나부터 우리 모두는 이 질문들에서 벗어나서는 안될 것이다.
벗어난 자신에게는 조금 호된 질책을 스스로 가할 줄도 알아야 할 것이다.
혹여, 벗어난 줄도 모르고 벗어나 있더라도 무지했던 자신을 발견했다면
조금이라도 용서하거나 비겁하게 그런 자신을 외면해서는 안될 것이다.

섬뜩한 괴성으로 모든 걸 앗아가는 운명이 내주었던 왕관을 가져갈[3] 날은 곧 도래할 것이며, 장엄한 종소리가 종탑의 꽃무늬 문장 열두개로 장식된 왕관에서 순간순간 소리를 내며 지상에 내려와 우리가 앉은 식탁 주위에, 빵 옆에서 울린지도 오래 [4]**되었고 왕관이나 동상같은 자연스럽지도 필요하지도 않은 욕구**[5]**를 쫓는 어리석은 이를 우리는 더 이상 추앙하지 않는다.**

---

3 호라티우스의 시 '카르페디엠' 가운데 '신들을 잘 찾지도'의 싯구 가운데.
4 잃어버린 시간을 찾아서1, 프루스트, 민음사
5 그리스철학자열전, 디오게네스, 동서문화사

'몰랐다', '모른다'는 것만큼 근사한 핑계는 없다.
'아직 그럴 나이나 때가 아니'라는 것만큼 바보같은 핑계도 없다.
행복이나 부(富)에는 나이나 때를 가리거나 모른다고 일축하지 않으면서 자신의 비굴이 들통날 때만 나이와 때와 무지를 거론하는 비겁한 핑계는 하지 않아야 어른답다.

핑계뒤에 결코 자신을 숨기면 안된다.
숨는 즉시 정신은 지체할 요령을 피울 테니 말이다.

우리는 살아가기 위해 보통 취직을 합니다. 즉 '직'을 갖습니다. 그 후로 그 사람은 그 '직'을 가지고 살아갑니다. 여기서 '살아간다'는 말은 그 '직'을 통해서 자신의 삶을 구현한다는 말입니다. 그러면서 그 '직'은 자신의 '직업'이 됩니다. '직'은 자기가 맡은 역할이고, '업'은 사명 혹은 자아실현을 의미합니다. 직업이라는 말의 의미는 자신이 찾은 그 역할을 통해 자기를 완성해 간다는 것입니다. '직'은 자신의 삶을 완성하는 중요한 수단입니다. 그래서 '직'과 '업'은 일체가 되지요. 이 말은 자신과 '직'이 일체를 이룬다는 뜻입니다. 이때 자신은 자신으로 살아 있습니다. 그 직업 안에서 자신은 행복하고 충족감을 느낍니다[6].

내가 내 삶의 원천으로 삼고 있는 새벽독서를 예로 들면, 물론, 새벽독서가 사명도 직업도 아니지만 사명과 사명으로부터의 목표와 직업을 위한 방향으로의 삶의 중심을 단단히 세워주는 동력과 양분으로서 충분하기에 이를 거론하는 것은 내게 의미있다. 새벽독서는 여러 분야의 분들이 '한 번 해볼까?'

---

[6] 탁월한 사유의 시선, 최진석, 21세기북스

하는 탐나는 욕구이자 도전인 것은 분명하다. 새벽에 일어나 조용히 독서를 하고 글을 쓰는... 그야말로 멋진 시도이자 시행이다. 이 같은 욕구로 인연이 닿으면 나는 반드시 1:1로 1시간가량 대화를 먼저 갖는데 스스로 간절히 변화와 성장을 위해 노크를 했음에도 불구하고 1/10정도만이 새벽독서를 시작한다. 시작하지 못하는 데는 이해할만한 이유들이 많지만 그럼에도 불구하고 '한 번 해볼까?'로 자신을 자극했던 애초의 목적, 그리고 목표는 금새 '편안함'과 '어지러운 질서'에 밀려 어디로 사라지고 없다.

책읽을 시간이 없어요!
천만에! 읽어야 할 이유가 없겠지
아침에 일어나기 힘들어요!
천만에! 일어나야 할 동기가 없겠지
그런 책은 읽기 어려워요.
천만에! 쉽고 편안하고 재미있고 자극적인 책에 길들여졌겠지.
너무 바빠요!
천만에! 지금 손에 든 그 무엇도 포기하기 싫은 게지.
너무 어려울 것 같아요!
천만에! 어려운 게 아니라 낯선 것인데.
대단한 분들만 하시는 것 같아 비교될 것 같아요!
천만에! 배우려는 사람은 스스로 모른다고 인정한 사람들인 것을.
새벽부터 일어나 힘들게 살고 싶지 않아요!
천만에! 새벽 기상이 힘든 게 아니라 다른 일로 힘을 다 소진시킨게지.
시간을 뺄 수 있게 정리부터 하고 시작해야 할 것 같아요!
천만에! 당장 일어나는 것조차 못 하면서 완벽해지려 하다니.

혼자서라도 해볼께요.
천만에! 원하는 결과를 위한, 더 거대한 힘을 경험해보지 못한게지.

많은 이들이 '변화'를 원하지만 '변화하지 않으려' 애쓰고 그래서 변화하지 못한다. '변화할 수 있는' 방법을 알려주며 '변화'하게 손을 내밀면 오히려 뒷걸음질치며 '변화할 수 없는' 그럴듯한 이유를 찾아 아니, 그 이유를 어떻게든 만들어 '어쩔 수 없었다'로 비겁한 자신을 정당화시킨다. 그리고는 '자신은 진짜 노력하는 사람인데 어쩔 수 없는, 스스로를 억울한 사람'으로 규정하고야 만다. 그것이 가장 편하고 익숙하고 그럴듯한 이유도 충분하니까.

마치, 가난한 자들이 돈이 많아지면 허영심이 들어올까 두려워하듯.
마치, 아기코끼리가 어릴 때 묶여 있던 말뚝을 힘이 넘쳐도 뽑지 않듯.
마치, 뚜껑 닫힌 비이커 속의 벼룩이 뚜껑을 열어도 절대 비이커밖으로 튀어 오르지 않듯.

갈구하지만 갈증만 있는
목적있지만 목표는 없는
해야하지만 안해도 되는
그런 자신이 더 편한 것이다.

많은 이들이 '변화'를 원하지만 '변화하지 못하는' 이유는 공통적이다. 시간이 없고 체력이 약하고 능력이 부족해서라 한다. 더 나아가 변화도 계획을 세워서 하려 한다. 이는 참으로 어리석다. 안 가본 길을 '지나간 경험'으로 재단해서 세운 '계획'은 오히려 방해가 된다는 것을 모르는 처사다. 하면서 완벽해지는 것이지 완벽해져서 시작하는 것이 아닌데 말이다.

시작을 못하는 이유는 무조건 목적이 없거나 찾지 못했고 목표를 이뤄야 할 이유가 간절하지 않기 때문이다. 지금 자신의 모습만으로도 더 잘 살 수 있다는 그릇된 오류, 그리고 자만, 편안함의 안주, 포기의 습관때문인 것이다.

목표란 나를 매개로 세상에 나가려는 실체다. 나라는 사람을 통해 세상에 발현되어야 할 의지의 구체다. 나여야만 하는 그 무언가를 찾지 못했기 때문에 시간, 체력, 능력 핑계가 너무 당연하게 여겨지는 것이다.

다시 한 번 강조하건대 목표란 나를 통해 세상에 발현되어야 할 창조물이다. 목적은 이 발현된 창조물이 모이는, 세상이 목표로 인해 진화가 증명된, 존재의 가치다.

나를 쓰게해야 한다.
나를 빌려줘야 한다.
나를 소모해야 한다.
나를 내주어야 한다.
새날엔 새로운 내가 되어야 한다.
어제의 나를 몰락시키고 새로운 매일을 열어야 한다.

세상이 이를 원한다. 세상이 나를 키워주겠다 손 내밀고 나를 보호하겠다 약조하며 지금 이 자리에 앉혀두고 지금 무언가를 시도하라 느낌을 주었는데 내가 그걸 재단하고 계산하고 있다면 이보다 더 어리석은 손해가 어디 있단 말인가? 직업이 무엇이든간에 나를 통해 나오려는 그것을 내가 막으면 안 된다. 나여야만 한다는 사실도 간과해선 안 된다. 나밖에 안 된다는 확신도 가져야만 한다. 나를 세상이 원하는 큰 존재로 부상시키는 것은 환상이나 쫓는 망상가여서가 아니라 실제가 그러니까, 인간 개인은 큰 존재니까 그런 것이다.

나는 나를 성장시켜야 한다. 세상에 창조된 모든 것은 개인 한사람 한사람의 몸을 빌어 세상에 드러난 수많은 목표들의 실체로 이뤄진 것들이다. 어떤 업을 가졌든 업에 세상의 명령을, 자신의 가치를 투사해야 한다. 그러면 본질에 충분히 접근할 수 있고 거기까지 하면 나머지는 내 몫이 아니다. 인간은 자신의 목표를 믿음과 실천으로 제안하고 신은 처분한다 [7].

일은 일이 가는 길이 있으니 나는 내가 서 있는 이 자리에서 세상이 요구하는 목적에 부합되도록 나의 잠재적 가치를 꺼내어 매일 해야 할 것들을 하면 되는 것이다. 나는 나를 성장시키는 것으로 내 업을 수단삼아 내 안의 것이 세상밖으로 드러나게 할 충분한 자질을 지녔음을 믿어야만 한다.

아! 처음 언급했던 특목고 교사는 북클럽을 시작한 6개월즈음 이렇게 말했다. "교사가 정말 제게 천직입니다. 영어를 가르치는 것을 통해 무엇을 전해주어야 할지 방향을 잡은 것 같습니다." 바뀐 것은 없다. 책이라는 도구를 통해 기존지식이 다시 질서를 잡으며 그 틈새에 부족한 지식이 들어갔고 그것들이 연결되어 지성으로 구축되면서 가슴뛰는 자신을 발견했기 때문이다.

---

[7] '인간은 제안하고 신은 처분한다(카미유클로델, 카미유클로델, 마음산책)'에서 변용

어쩌면 우리는 간단한 삶의 공식에서 자칫 중요한 부호 하나를 빠뜨려 엉뚱한 길 위에서 엉뚱한 답을 내며 또는 내느라 허둥지둥대는 지도 모른다. 많이 배운 자들이 오류에 빠지면서도 오류가 오류인줄 모르고 판단이라 스스로 규정하는 어리석음을 보인다. 인식의 영역에서 작용하는 사고를 '이해'라, 인식밖 미지의 영역에서 작용하는 사고를 '상상'이라, 이해와 상상이 오가며 연합된 찰나의 사고를 '직관'이라 명명한다면, 인식안에서 이해만으로, 상상속에서 감정과 결부되어 판단하는 것은 오류일 확률이 높다.

결국, 직관을 따르려면 기존의 인식에 틈새를 벌리고 그 사이에 미지의 세계에서 통용되는 가치를 주입하고 그렇게 **이성과 비이성이 혼합된 이성**으로서 판단이 이뤄져야 한다.
이 글을 읽은 모두가 잠시 아니, 조금 오래 시간을 내어 다음 질문의 답을 찾아보길 바란다.

"미래에 '내가 원하는 바로 그 모습'이 되었을 때
나는 어떤 생각을 하고 어떤 말을 하고 어떤 행동을 할까?"

이 질문에 대한 답을 스스로에게 구하는 동안 자신의 목적과 목표, 수단으로서의 직업이 자연스레 연결되고 똑같은 일상에서 의미와 가치를 발견할 수 있을 것이며 더이상 '워라벨'이라는 3글자의 신조어의 모순에 빠지지도 않을 것이다.

'성장'에 대하여

'선택하는'이 아니라 '선택되어지는'

'인생은 선택'이라고 하는데 나는 이에 반박한다. **내가 선택하는 것이 아니라 내가 선택되는 것이다.**

나는 분명 어제 죽을 수도 있었다. 많은 사람들이 이유없이 느닷없이 죽으니까. 나도 그럴 수 있다. 하지만, 신은 오늘도 나를 살게 한다. **신이 나를 선택한 것이다.**

별 특별함없는 일상에서 약간만 벗어나도 우리는 떤다. 불안감에, 긴장감에, 두려움에 떤다. 코로나가 그랬고 느닷없는 금리인상이 그렇고 전쟁, 사건사고들에도 놀라고 불안해하고 떤다. 이런 세상에서 고요하고 편안한 일상이 주어졌다는 것은 대단한 선물이다. **일상은, 세상은 오늘도 나를 선택해줬다.**

왜 나는 열심히 일하는데 돈이 없을까?
왜 나는 최선을 다하는데 운이 없을까?
왜 나는 지독히 치열한데 기회가 없을까?
왜 나는 이토록 치밀한데 정보에 둔할까?

돈도 자격을 갖춘 자에게 흐르며
운도 대가를 치른 자에게 다가가며
기회 역시 깨어있는 자에게 들통나고
정보도 준비된 자의 귀에 포착된다.

내가 선택하는 것이라면 나는 지금보다 돈도 운도 기회도 정보도 더 많았어야 한다. 하지만 그러지 못한 것이 내가 선택해서 취하는 것이 아니라, 나의 삶을 꿰뚫는 그것들이 나의 자격을 검증해 나를 선택하기 때문이다.

계절도 빛도 어둠도 알아서 나를 찾아온다. 바람도 비도 번개도 천둥도 모든 자연이 알아서 내 앞에 모습을 드러낸다. 지금 앞마당에 금낭화와 작약이 알아서 흙에서 솟았다. 나는 그들을 부르거나 원하지 않았는데 모든 것이 날 선택하여 내게로 왔다.

나는 아무 짓도 안 했는데
태어나니 부모가 생겼고
나에게는 아무 것도 없었는데
형제가 생겼고 자식이 생겼다.

'없었는데 생겨났다'.
친구도 지인도 나를 스쳐간 수많은 이들도 내 인생 어느 시점에 들어왔다.

내가 친구를, 사람을 선택한다고 믿는 것은 오만이다.
내가 사람을 선택할 수 있다면 '귀인'을 바랄 필요가 없다. 딱! 지금 이 순간 필요한 사람을 내가 선택해 데려오면 되는데 그러지 못하다는 사실에서 우리는 '선택하는'이 아니라 '선택되는'을 증명한 셈이다. 선택할 수 없으니 바라는 것이다. 사람이 내게로 오는 것은 특히, 나의 선택지에서 아주 멀리 벗어나 있다. 나는 그들에게 선택되어지는 것이다.

심지어 내 생각도 내 선택이 아니다.
불현듯, 갑자기, 느닷없이 생각나네! 라는 말이 이를 증명한다. 내가 하는 것이면 느닷없이 하지 않을 것인데 이 생각이란 놈 역시 알아서 내게 찾아와 꼬리에 꼬리를 무는 짓까지 하며 내 정신을 바쁘게 몰아대니 여태 '내가 생각한다'는 모순에 빠져 있다면 이제 나올 때가 되었다. 생각도 나를 택해 내게 개입한다.

내 감각도 당연히 내 선택이 아니다.
내 것이라면 내가 조절할 수 있어야만 하는데 눈에 티끌이라도 들어가면 눈을 뜰 수가 없고 등이라도 가려우면 뭐라도 구해 긁어야 하니 내 통제밖에서 스스로 움직이는, 내 것이 아닌 것이다. 감각을 선택할 수 있다면 같은 타격에 자기가 원하는 만큼만 감각을 느끼면 된다. 하지만 같은 타격이 주어질 때 대다수가 비슷한 감각으로 반응하니 감각은 내 선택이 아닌 것이다. 아마 무언가, 언제인가 내재된 기억이나 자극에 의해 선택 진화된 것이겠지.

내 감정마저도 내 선택이 아니다.
내 것이라면 불편한 감정들은 결코 선택하지 않았을 것이다. 하지만 우리는 모두 감정의 노예마냥 불안에 두려움에 좌절감에 긴장에 낯섦에 떤다. 그런데 그렇게 내게 훅 들어온 감정은 내게 할 일이 있어 왔다손 치고, 그러니까 내 선택과는 무관하게 받아들일 수밖에 없고, 그렇다 하더라도 내 정신은 허락없는 이 침입에 저항할 수 있다. 그러니 날 선택해 내게로 온 감정은 정신의 선택에 따라 노예가 되기도, 귀한 손님처럼 대접받을 수도 있다.

내 업(業)도 그렇다.
마치 내가 그 직업을 선택한 듯하지만 그 자리에 내가 필요한 인물이어서 어떠한 끌림에 그 곳으로 간 것이다. 그러지 않고서는 '우연하게', '신기하게도', '어떻게 그런 일이', '기가 막히게도', '운이 좋아서'와 같은 경우가 생길 수 없다. 굳이 나여야만 하는 자리여서 내가 선택되어 쓰이고 있는 것이다.

매일 새벽독서에 열 올리는 나는
책이 날 선택해준 것에 늘 감사한다.
내 머리로는, 내 정보망으로는, 내 시선안에서는 이런 책이 내게 올 리가 없다. 서점에 빽빽하게 꽂힌 그 많은 책들 속에서 이 보물같은 책을 내가 알아챌 리 없다. 책은 항상 내게로 와준다. 책 속의 깨달음이 내게로 알아서 찾아온다. '다음에 무슨 책을 읽지?'를 고민할 이유가 아예 없다. 어느 순간, 느닷없이 책이 내게로 등장할 테니까. 그러지 않고서는 내가 야콥센이나 블레이크나 루크레티우스를 알아낼 재간이 없다. 책이 '이번엔 김주원이다!'는 판단이 서면 나를 선택해 전혀 예측하지 못한 경로로 내 눈에 띄는 것이다.

모든 것은 이렇게
자기들 갈 길 어디에서 나를 선택하고
나를 어딘가로 데려간다.
마치 내가 선택하는 것처럼,

내가 선택할 수 있을 것처럼,
내가 선택해야만 하는 것처럼
우리는 그렇게 살고 있지만
지난 시간들을 돌아보라. 과연 내 선택대로 모든 것들이 이뤄졌는지.

우리는 선.택.되.어.지.는.
수동의 삶,
순응의 삶,
매개의 삶을 사는 것이다.

그러니 제대로 잘 선.택.되.어.질. 수 있도록 수동적인 관점으로, 나를 키워내는 데에 있어서는 주체적이면서 능동적인 행동만이 내가 선택할 전부다. 지금 선택된 자리에서 다음 선택되어질 자리까지 제대로 잘 안착하는 과정을 나는 **성장**이라 명명한다.

마치 호두처럼
알맹이로서의 나, 말하자면 총체로서의 나를 안전하게 보호한 채
껍질으로서의 나, 말하자면 객체로서의 나를 깨뜨려 변화시키며
자리에 걸맞게 나의 모양새를 갖춰가고
떠나는 것과 줄어드는 것들에 미련두지 말고
새로운 것과 들어오는 것들에 자리 내어주며
선택된 제 때, 제 자리에, 제 모양새로 걷는 걸음이 **성장**인 것이다.
그리고
제 때 제 모양새를 갖추도록 부여된 의무가 역할이며

제 때 제 모양새를 갖춘 결과가 목표이며
제 때 제 모양새가 되기 위해 해야 할 행동들이 일상의 우선순위어야 한다.

혹여 마음에 들지 않는 모양새인들 어떠한가.
그 모양새여야 그 자리에 적합한 것을.
혹여 과하고 부담스러운 모양새인들 어떠한가.
그 모양새여야 지난 자리의 부족이 메워지는 것을.
혹여 미운 모양새인들 어떠한가.
그 모양새로 미워져야 할 순서인 것을.

모든 것은
적합의 목적성, 목적의 적절성을 띠고
날 선택하여 내게로 오는 것을…

불길이 위로위로 그 어떤 힘에도 아랑곳없이 치솟아 오르지만 결국엔 땅으로 꺼지든 공기 중에 소멸되든 아래로 곤두박질치고 결코 만져본 적 없는 별도, 번개도 모두 땅으로, 태양의 강렬함도 땅으로 내리 꽂힌다. 미숙한 인간인 나 역시 그렇다. 내 키가 위로 자라다 나이 들어 서서히 아래로 내려가듯, 내 기억이 위로위로 뻗치다 서서히 소멸되듯, 내 열정과 의지와 투지가 힘껏 솟구치다 서서히 사그라드는, 나의 성장도 그 길로 가게 된다.

노령이 나를 데려가는 걸음에 손잡고 잘 따라가주는 것이 선택되어진 나로서 충실히 걷는 걸음인 것을 나는 안다. 나의 모든 것이 한참을 그리 솟구치더니 이내 안으로, 아래로 수렴되어 단순하고 조용하게 수동적인 삶으로 나를 안내하는대로 걷는 것이 자연의 이치를 따르는 수동체로 나를 세우는 겸손이다.

그리고 이것이 내가 성장하고 있는 증거라는 것도 나는 안다. 죽을 때까지 내 안에 솟구치는 그 무언가가 있더라도 어쩌면 그것은 땅으로, 안으로, 깊이로 수렴되기 위한 솟구침일테니 이제 내면으로, 아래로 나를 숙이고 내어주어야 할 때라는 것도 나는 안다.

내가 흘러 떠나간 그 자리의 나는 시들고 소멸되겠지
내가 흘러 당도한 그 자리의 나는 생성되고 피어나겠지
그렇게 나는 늘 선택되어지고 있다.

이런 이유로 나는 지금 이 순간,
딱 나에게 어울리는 자태로,
딱 내가 해야 할 몫만큼 거머쥐고
딱 내게 주어진 업을 행하는 것에
그 어떤 것을 염두에 두거나 의도하거나 탐하지 않고
날 선택하기 위해 내게로 오는 모든 것들에게
순응과 순종의 안심을 주어야겠다.

'관계'에 대하여

관계의 선(線) - 딱! 여기까지만!

아주 젊었을 땐 이 친구 저 친구 얼굴알면 다 친구였다.
조금 젊었을 땐 이래서 친구 저래서 친구아님 나름 경계가 생겼다.
약간 나이드니
관계란 것은 나를 참혹하게 망가뜨릴 수도 있음을 알았다.
관계란 것은 나에게 착함을 강요하기도, 착한 척을 강제하기도 했다.
관계란 것은 나보다 나를 더 부각시켜 나는 포장되었었다.
관계란 것은 나보다 나를 더 절각시켜 나는 조각되었었다.

그래서 나는 **'친구'라는 단어를 아무에게나 적용하지 않기로 했다.** 지금은 가까이 해야 할 사람, 피해야 할 사람을 가리는데 이런 내가 포용력이 부족하고 관계에 취약한 사람이라 비웃음을 살만도 하겠지만 나는 모두를 포용하기에 버겁고 또 그렇다고 포용하는 척 대면대면거리는 건 위선같고 내 마음과 달라서 껄끄럽다. 하지만, 포용할 사람은 끝까지 힘껏 있는 정성다해 가슴으로 안아주고 대면대면거릴 바엔 그저 모르고 각자의 삶을 사는 게 낫다고 여긴다. 나라는 사람이 지닌 에너지의 총량이 있기에, 이 모든 것 안에서 진짜 나와 결이 같은 이와 내 모든 것을 나누며 살아가고 싶기 때문이다.

어느 성현의 글에서 '어울리지 말았어야 할 사람과 어울린 것도 죄'라는 것을 알았고. 또 많은 사람을 안다고 잘 산다는 공식은 어디에도 없으며 사고나 추측의 문제에 관한 판단이나 취향에서 감정이나 견해가 서로 상반된다면 그것은 즐거움이 될 수도 있지만 서로의 아픔이나 슬픔에 대해 동류의식을 가지지 못하거나 내가 당한 침해에 대해 함께 분개하지 않는다면 서로는 더 이상 친구가 될 수 없다 [1]는데 그럼에도 불구하고, 고귀한 벗을 내치는 것은 사람이 자기 것 중에서 가장 아끼는 생명을 내치는 것과 같다 [2]는 가르침에도 극하게 동의한다.

'친구'에 대한 기준에 있어 나는 니체의 뚜렷한 판단이 참으로 현명하다 여긴다. 내가 상대의 노예이면 결코 벗이 될 수 없고 내가 폭군의 성향이라면 나는 벗을 지닐 수 없을 것이며 진정 벗이란 '서로에게서 최강의 적을 발견[3]'할 수 있을 때까지 **서로가 대적할수록 더없이 가깝게 느껴져야 하는 존재**, 그러니 '감히 우정을 청하지 않는, 진정 공경으로 두려워하는 마음[4]'이어야 진정한 벗이라 할 수 있는 것이다.

'관계'란 것이 꼭 '벗'에 한정된 것이 아니라 '아는 사람'보다 조금 더 가까운 '지인'의 범주까지 확장했을 때 나는 무조건 친해지고 잘해주기보다 '지각있는 친교'를 원하기에 나름의 선(線)을 지니게 되었다.

혜택과 권리의 선.

---

1 도덕감정론, 애덤스미스, 비봉
2 오이디푸스왕, 소포클래스, 민음사
3, 4 차라투스트라는 이렇게 말했다, 니체, 책세상

이 선이 내가 관계를 지속하느냐 의도적 단절을 선언하느냐를 가린다. 관계가 지속되다보면 이 순간이 온다. 어쩌면 위의 성현들이 거론한 것처럼 '동류의식'이 요구될 때나 '대적'이 필요한 때가 오는 것이다. 그런 격정과 분개의 순간들이 가슴속에서 들끓다가 사라질 때 나는 느낌으로 감지한다. 선을 넘었구나...라고.

지금껏 친교를 맺으며 내가 베푼 물질과 비물질 모두에 대해
혜택을 자신의 권리로 착각하는 경우,
혜택을 혜택으로 이해, 감사와 책임을 지니는 경우,
전자의 경우, 나는 그를 멀리하고
후자의 경우, 나는 영원한 벗이 되길 염원한다.

내가 나름 관계의 선을 이렇게 정한 이유는 2가지로 인해서다.
먼저, **내가 뿜어내는 사랑과 관심은 나의 영적인 에너지**이기 때문이다. 관계에는, 특히나 친교를 맺은 사이에는 물리적이거나 물질적인 것보다 더 중요한 비물리(질)적인 정성, 지식, 시간, 마음, 그러니까 나의 에너지가 담겨 있다. 항상이라고 자신은 못하지만 거의 대부분 진심을 다해 말하고 행하고 대하기 때문이다. 이러한 나의 소중한 것들을 소중히 여겨주는 이에게로만 나는 나를 내어주기로 한 것이다. 나는 나를 싸구려 취급하는 이에게는 내 곁을 내주지 않기로 한 것이다.

두번째 이유는 **상대를 더 깊이 위하기 때문**이다. 혜택은 빚이다. 받은 것이니 돌려줘야 하는데 권리로 착각하는 순간 내가 '정'을 쌓기 위해 상대의 빚을 더 부풀리는 격이다. 가령, 이런 것이다. 내가 위로와 위안을 계속 한다면

상대는 위로와 위안에 길들여져 늘 의지하는 사람이 된다. 위안은 상대의 경솔함과 무의미함을 오히려 포장해주는 아주 저주받을 짓[5]임을 알기에 내가 칭찬만 계속 한다면 그는 칭찬에 길들여져 사회에서 맞게 될 뭇매를 견뎌내지 못할 것이다. 내가 안타까운 마음에 뭔가를 계속 알려주는 것은 상대가 스스로 알아낼, 경험할 기회를 박탈하는 짓을 자행하는 격이니 이는 나도 상대에게도 바람직하지 않다.

나는 '**상호독립적(inter-dependent)'인 관계**야말로 진정 서로에게 필요한 관계라는 기준을 가지고 있기에 이런 관점에서 누군가를 끊임없이 정서적, 물질적, 정신적으로 위하는 것이 선(善)이 아니라 서로에게 악을 자처하는 행위임을 인지하고 깨달았기 때문이다.

이것이 내가 관계에 일정한 선, 그러니까 기준을 그어둔 이유다. 이는 내가 오만하고 거만하여 군림하려는 것이 아니다. 소중한 나를 보호하는 것도 나의 의무이자 역할임을 수용했고 권위(authoritarian)가 아니라 권위로운(authoritative) 자로 나를 세우려는 것이며 상대를 진정 더 사랑하기 위해 내가 근절하는 것이 상대 스스로가 자신을 자극할 수 있다는 원리를 따르는 것이다.

감사를 잃으면,
소중함과 귀함을 외면하면,
제 아무리 귀한 보석도 땅치기구슬과 별반 다르지 않게 취급하는 게 사람인지라 보석은 보석으로 볼 줄 알아야 하고 땅치기구슬은 땅치기구슬로서 대

---

[5] 젊은 시인에게 보내는 편지, 라이너마리아릴케, 태동

할 수 있는 사람으로 서로 존재하길 바라는 바이다. 이는 상대가 나를 대하는 것에만 기준이 되는 것은 아니다. 내게 더 엄격해야 함을 안다. 나에게 엄격하고 상대에게 관대해야지 거꾸로 행하는 어리석은 자는 아니니까.

나는 참으로 많은 혜택을 받고 살아왔기에
나에게 권리란 없다.
한 평생 내가 부여받은 숙제를 해야 할 의무만이 존재하고
한 평생 내가 받은 보상만큼 갚아야 할 채무가 존재하고
한 평생 내가 인지하지 못한 모든 것에 대한 계산이 남았기에
죽을 때까지 어쩌면 내가 누릴 권리란 없는 것이다.

그렇다면 나는
권리를 누릴 자격도 없다는 말인가?
아니다. 권리는 '내가 받았는지도 모른 채 지나간', 마치 물과 공기처럼. 아들딸, 건강, 재능 등으로 냅름 받아버린 그것들을 통해 충분히 누리고 있음을 알게 되었다.

중요한 것은 나다.
나는 어떤가?
**내가 혹여
누군가로부터,
세상으로부터 받는 혜택을
권리로 착각하는 것은 아닐까?**

이에 대해 나부터 스스로 숙고하려 한다.
나는 그리하지 못하면서 이 글을 쓰고 있다면 나는 위선자다.

나부터 혜택을 혜택으로서 감사하며 끊임없이 내게 베푸는 이들에게, 자연에게, 세상에게, 사는 것에 대해 그리고 치러야 하는 대가들에 대해, 내 삶을 통해 보여줘야 함을 재고하면서 이 시간 또 다시 '그냥', '묵묵히', 나는 내 걸음을 걷는다.

'부'에 대하여

'부와 성공'에 대한 2가지 기준

내가 진행하는 '위대한 북클럽 – 태양마중'은 '부'와 '성공'을 지향한다. 육체적, 정신적, 정서적, 관계적, 경제적인 부를 이뤄 내 인생의 가치실현, 즉 '성공'의 길을 걸으려 치열하게 책을 읽는. 말 그대로 '자신의 꿈'을 위해 해뜨기 전 공부하고 하루를 시작하는 사람들의 모임이다. 우리는 늘 새벽마다 자신의 '부'와 '성공'을 위해 시류를, 인간을, 자본을, 그리고 '선'을 공부하고 '꿈'을 이야기하고 나의 성공을 위해 더 크게 나를 키우고 있다.

나의 '부와 성공'에 대한 견해에는 명확한 2가지의 기준이 있다.
잉여와 균형.
부는 기본이 해결된 그 이상의 잉여를 세상에 나누기 위한 것으로 삶에 있어 필요한 기본적인 안정을 기준한다. 다음과 같이 정리할 수 있겠다.

육체의 부,
건강할 때 누군가에게 힘을 보탤 수 있고(의지하지 않을 수 있고)
경제의 부,
내 생존이 해결되어야 누군가에게 현실적 도움을 줄 수 있고

관계의 부,
인간본성을 알아야 공유되는 사고(思考)가 관계의 질적성장에 이롭고
정서의 부,
내 마음이 평안해야 누군가를 안아줄 수 있고
지성의 부,
지식이 지혜로 승화되어야 말과 행동이 누구에게든 신뢰로와 영향을 미치며
정신의 부,
내 정신의 중심기준이 있어야 누군가에게 제대로 된 혜안을 알려줄 수 있다.

애초에 내 것이 아니었던 사람, 마음, 정신, 지식, 그리고 재물이 나에게로 와 더 크고 더 강하게 몸집을 불려 다시 누군가에게로 흘러가게 하는… 이런 이유로, 나는 그저 매개자임을 자각하고 그에 따른 의무와 역할을 스스로에게 명령하고 실천해야 한다.

들어오면 그 이상으로 내보내고
마모되면 새롭게 생성시켜 내보내고
소모되면 다시 채워 내보내는,
부의 다양한 조건들의 균형.

이쪽과 저쪽의 양극의 균형을 이뤄나가는 것이 진정한 부의 추구이며 성공을 향한 길위의 실천이다. 다시 말해, 나는 '나'라는 자원의 잉여를 만들고 그 잉여의 분배를 위한 균형을 실천하여 세상 속 내 자리를 잘 지켜내는 조화를 이룰 때, 그리고 이 과정의 선순환을 이뤄낼 때 우리는 그런 사람을 '선한 부자, 진정한 성공자'라 부를 수 있는 것이다.

내가 먼저 그런 사람이 되면 안될까?
내가 먼저 그 길을 걸어가면 안될까?
내가 먼저 될 수 있다고 믿으면 안될까?
내가 먼저 갖고자 하는 결과를 지금 내 가슴에 씨앗으로 심으면 안될까?
내가 먼저 그런 사람이 되어 내 옆의 누군가에게 전염시키면 안될까?

평범한 '나'같은 'somebody'가 할 수 있다면, 해낸다면!
내 곁 누군가인 'anybody'도 할 수 있지 않을까?
그렇게 **'닮아도 괜찮은 나'**로 나를 만들어가면 어떨까?
이것이 **진정한 개인의 최고선(善)과 모두의 공공선(common good)**의 연속과 동시적 발현이지 않을까?

결국,
지금 내가 바라봐야 하는 것은 나 자신이며
지금 내가 들어야 할 소리는 나의 소리이며
지금 내가 전해야 할 의미는 나의 가치이며
지금 내가 집중해야 하는 것은 나 자신이다.

나의 예리한 시선,
나의 냉철한 이성,
나의 뜨거운 가슴,
나의 든든한 다리로
내가 가야 할 길은 나의 길이다.

결국, 나의 길을 제대로 가는 자야말로 공공의 선을 실천하는 자인 것이다. 이러한 자들이 많아지면 우리가 염원하는 유토피아까지는 아닐지라도 그래도 '아름다운 세상'에 자신의 무게, 크기, 두께, 세기 정도는 보탤 수 있지 않을까? 나를 부자로, 성공자로 만드는 **이기(利己, 자신을 이롭게 하는)**는 아름다운 세상을 이루는 **이타(利他, 모두를 이롭게 하는)**로 승화되는 것이 '개인'과 '공동' 모두를 위하는 지극히 단순한 논리가 아닐까?

감히 말하건데, 이 논리가
애덤스미스가 알려준 **자리(自利)**,
에머슨이 알려준 **자시(自是)**,
샤무엘스마일즈가 알려준 **자조(自助)**가 아닐까?

나는 나에게 믿음을 주련다.
세상은 '선'을 추구하는 '선한 부자' 또는 '선한 부자가 될, 되기로 한' 나에게 결코 부당과 불합리와 부정을 들이대지 않을 것이라는 믿음.
세상 모든 것이 나의 것으로 허락되었다는 믿음.
세상 모든 것 가운데 나는 유일한 창조물이라는 믿음.
세상 모든 것 중심엔 내가 서 있다는 믿음.
세상이 나에게 준 명령을 제대로 해낼 수 있다는 믿음.
이러한 나에 대해
결코 방심하지 않는다는 우주의 거대한 약속에 대한 믿음.

이러한 '부와 성공', '선'의 개념과 논리와 믿음에 따라 나는 부자가 되어야겠다. 나는 성공해야만 하겠다. 개인이 인류를 위해 최고의 선을 행하는 단순함은 나를 나로써 잘 키워내어 그 크기만큼 모두, 모든 것에 증여하고 내 것을 나눠 받은 그도 '부'와 '선'을 계승토록 하는 것이 아닐까?

시작은. 나부터다.
개인은 그 자체로서 전 인류이며
인류는 개인이라는 초유기체가 모여 만들어낸 거대한 우주이기에
나의 부는 인류의 선이라는 논리에 대해
누가 비약이라 반론할 수 있을까?

'오만과 겸손'에 대하여
내 뒤에 숨었다가 찰나에만 등장하는!

스타트업을 준비중인 청년들의 자문위원으로 수년째 재능기부중인 나는 창업을 꿈꾸는 젊은 친구들이 꿈에 부풀어 있는 모습이 참 좋다. 모든 것을 걸고서라도 성공해 내려는 포부도, 뜨거운 열정도, 눈으로 뿜어져 나오는 투지도 너무 좋다. 말 그대로 자신을 온전히 태우려는 불꽃같다.

하지만, 안타까운 면은 여전하다.
그들과 대화하다 보면 아주아주아주아주아주 자주 듣는 말이 있다.
'사람을 좀 쓰면 어떨까요?'라는 말이다.

순간, 나는 탄식한다. 우리가 너무나 쉽게 내뱉는 평범한 말인데 이 말 한마디는 그 친구의 단정한 머리, 각잡힌 셔츠깃, 깍듯한 인사, 뜨거운 열정, 꽉 찬 지식, 예의바른 말투 모두를 무색케 한다.

**자신에게서 나오는 말은
내면적 사고의 외면화다.**

나는 두 눈을 그에게 더 가까이 위치시켜 굵고 낮은 목소리로 말한다. "사람은 쓰는 게 아니야..." 5초간 나와 청년의 눈은 정면으로 대치하며 꼭 알려주고 싶은 내 의지와 '왜 이러지?' 당황을 모면하려는 청년의 의지는 강력한 에너지로 마주한다. 대립인지 연결인지 충돌인지 혼돈의 5초가 지나면 예외없이 핑계가 따른다. "아.. 다들 그렇게 말해서 저도 모르게..."

"핑계대지 말고!"
일단 일축한 후 부드럽게, 하지만 정확한 발음과 반드시 알려주고 싶은 단호한 말투와 청년의 눈에 고정시킨 채 절대 움직이지 않는 눈빛까지 보태어 말을 이어간다.

"다들 그렇게 말하더라도 너는 그러지 마. 성공하고 싶어서 이렇게 열심인 거잖아. 너의 오만은, 자만은, 건방은 이렇게 순간적으로 드러나. 기본에 구멍이 뚫려 있으면 지금처럼 느닷없이 상대에게 들켜. 성공. '누구나' 할 수 있는데 그 '누구나'의 기준이 높단 말야. 그래서 누구나 할 수 있는데 아무나 해내지 못하는 게 성공이야. 근데, 그 성공이... 간절하잖아... 기준을 높이지 않으면 그 '아무나'에 너는 끼어들기 어려워. '아무나'가 되려면 내면에, 들통나면 큰일날 구멍들을 메꾸면서 가야 해. 겉이 화려해지면 질수록 결국 자신을 무너뜨리는 건 내면의 작은 바늘구멍이더라구!"

내가 월급을 주기 때문에 '사람을 쓰는' 권리를 얻었다는 전제는 내 사고에 상대를 지배할 수 있다는, 지배해도 된다는, 내가 지배우위에 있다는 착각이 전제되어 있는 것이다. 직장에 다니면서 인권인권인권하며 회사가, 경영주가, 상사가 자신을 '쓰지'않고 '존중'해주길 바라면서 내가 월급줄 땐 나도 모르게 튀어나오는 언어가 '사람을 쓴다'라니... 이 모순된 사고를 어찌 들키지 않을 수 있을까? 이 모순된 지배구조가 정신속에 닻을 내리고 있는데 어찌 공감이나 팀웍을 이끌어낼 수 있을까?

**내 사고(思考)는 내 손실의 원인이며
내가 가진 물질은 내 정신의 성적표다.**

고용(雇用)의 사전적 의미는 '품을 팔아 그 삯만큼 사람을 부린다'지만 심정적으로 고용주 입장에선 일하는 것보다 더 주는 것 같고 피고용주입장에선 일하는 것보다 덜 받는 것처럼 느끼게 마련이다. '입장차이'는 관계에서 존재할 수밖에 없고 '역지사지', 상대입장에 서보는 것은 단어가 지닌 격에는 미안하지만 상당한 수준의 수양을 갖춘 자여야 가능하다. 우리의 삶은 결코 사전적 의미나 과학적 객관대로 흘러가지 않는다.

오만과 건방. 턱 쳐들고 눈 내리깔고 있는 힘껏 가슴을 벌린 채 허리에 손을 얹고 짝다리짚는 것을 말하는 게 아니다. 차라리 이런 사람은 그래도 자기식으로 드러내는 것이니 진실되다 할 수 있을지도 모른다. 말 한마디로 드러나는 내재된 오만과 건방은 겉으로의 겸손이나 예의와는 무관하게 내가 상대를 '무시'하는 것이고 또는 자신의 열등을 들키지 않으려는 쇼같기도 하다.

이는 상대에게 이성을 초월한 인간의 본능적인 감각으로 자신이 당한 무시를 계산케하여 어떤 순간 일의 능률과 효율보다 갈등의 속도가 더 빠르게 운용되는 관계로 이어질 빌미가 될 수 있다. **'관계'란 상호간의 잠재적 이해관계에 의해 계약서도 파기시키는 무서운 운용체계를 지니고 있으니 말이다.**

내가 누군가를 쓰려 하니 쓰이지 않으려는 상대와 갈등이 생길 수밖에,
그 골은 깊어질 수밖에.
한쪽은 쓰려 하고 다른 한쪽은 쓰이지 않으려는 관계.
엉킬 수밖에 없다.

그렇게 많은 노사문제가 발생하는 바탕에는 개인의 이러한 본능적인 감각이 관계시스템에 의해 자동적으로 작용되기 때문이다. 예외없이 '현상'은 차곡차곡 축적된 '내면'이 드러난 결과다. 하지만, 대다수의 경우, '그렇지! 투자할 때는 해야지! 사람도 몇명 쓰고! 자신있게!!!!' 라고 그냥 말해 버리는 것을 보면, 우리는 모두 상황의 이면을 무시하는데에 길들여져 있는지도 모른다. **'내재된 오만'은 때론 '자신감'으로 둔갑**되기도 한다.

이렇게 해보면 어떨까?
내 초점이 상대가 아닌, 나에게로 향하게 하는 것이다. 상대를 쓰는 게 아니라 나는 나를 잘 쓰이게 하고 상대도 자기를 잘 쓰이게 하는. 한 단계만 더 이면을 들여다보고 '내가 누구를 쓰는' 이 아닌, **'각자가 스스로 잘 쓰이는.'** 독.립.적.인.상.호.의.존.관계로서 상호작용해야 한다는 의미다.

독립적이면서 상호의존적이라는 이 모순된 진리,
양극의 균형에 답이 있다.

내가 스스로 잘 쓰이는 사람이 되면 나는 누구에게나 필.요.한. 사람이 되고 이러한 선순환의 상호작용은 '상호존중'의 싹을 틔운다. 이렇게 독립적이면서 **상호의존이어야 '상호존중'이 시작되어 말 그대로 '공감'하며 '공유'되는**

질적 진화, 즉 '공진화'를 일으킬 수 있다. 상호존중 관계일 경우, 오만을 민망으로 바꾸는 것은 훨씬 수월해진다. 민망으로 전이된 오만은 스스로의 성찰로, 상대에게 사죄로 이어질 수 있으며 이 연결 끝에 차분하고 고요하게 자리잡은 마음가짐을 우리는 **겸손**이라 한다.

물론, 살다가 익숙한 대로 내뱉는 수많은 말들, 생각없이 그냥 편한대로 나온 말일테다. 그런데. **생각없이 말하지 말자.**

적어도 내 말이 내 인생에 방해가 되지 않게.
적어도 내 말이 내게로 올 기회들을 차단시키지 않게.
적어도 내 인생이 나를 비웃지 않게 해야 하지 않겠는가?

손과 무릎 가지런히 모으고 상대의 어깨높이에 나의 시선을 두고 마주하는 것이 외적 겸손이라면 **내적 겸손**은 내게서 드러나는 말과 행동의 뒤에 숨어서 지독할 정도로 깐깐하게 나를 주시하다가 말과 행동속에 찰나에 등장하여 나를 '믿을만한 존재'로 인식시키고 사라지는 내적수양의 드러남이다.

'위선과 정의'에 대하여

왜? 왜? 왜 그래야 하는가?

내가 말한 대로 나는 행하는가?
그러지 않으면 거짓을 말하는 위선자다.
내가 아는만큼 실천하는가?
그러지 않으면 지적허영으로 포장된 위선자다.
내가 가르치는 것을 내 삶에서 보여주는가?
그러지 않으면 교육자라는 감투를 쓴 위선자다.
내가 주장하는 것을 나는 믿는가?
그러지 않으면 구라발로 남들이나 후리는 위선자다.

내가 배운만큼 행동하는가?
그러지 않으면 영혼을 농락하는 위선자다.
내가 가는 길을 믿고 따르는가?
그러지 않으면 스스로를 기만하는 위선자다.

내가 나와의 약속을 지켜내는가?
그러지 않으면 신뢰를 배신하는 위선자다.

내가 나를 기만하는 위선자라면
세상이 자신을 기만하더라도 할 말 없어야 한다.
하물며, 타인이 날 기만해도 할 말 없어야 한다.

내가 나를 속이는데 왜 남이, 세상이 나를 속이면 광분하는가?
내가 내 영혼을 농락하는데 왜 신이 나를 농락한다고 분개하는가?
내가 나의 주장을 믿지 않는데 왜 남들이 내 말을 믿지 않는다고 오열하는가?
내가 나에게 정의롭지 못한데 왜 세상의 부정에는 소리치는가?

나는 그리 살지 않았으면서
왜 내 자식에게는 나의 뜻을 따르라 주장하는가?
나는 나와의 약속을 져버리면서
왜 남이 나를 배신하면 낙인찍어 평생을 원망하는가?

왜?
왜?
왜 그래야 하는 것인가?

위선에서 나를 떼어놓으면 내게 다짐받았던 '**정의**'가 자유를 찾을까?
'정의'를 꼭 존롤스[1]나 마이클샌델[2]에게 배워야만 안단 말인가?

---

[1] 존 롤스(John Rawls, 1921 ~ 2002) : 하버드 대학교에서 정치 철학 교수를 지냈고 [정의론, 1971]과 [공정으로서의 정의:재서술, 2001년]을 집필한 미국의 철학자.
[2] 마이클 샌델(Michael J. Sandel, 1953~) : 존 롤스(John Rawls)의 정의론을 비판한 '자유주의와 정의의 한계(Liberalism and the Limits of Justice)'(1982년)를 발표하면서 세계적인 명성을 얻은 미국의 정치철학자.

위선,
타인에게서 찾지 말고 나로부터 찾아내어
나로부터 깨끗해져야 한다.
나로부터 정의로운 인간으로 당당해져야 한다.

**인간은 모방하고
모방은 행하게 하며
행하면 전염되고
전염되면 전파되고
전파되면 문화가 되고
문화가 되면 보편이 된다.**

'정의로운 사회건설'이라는 진부하고도 난해한, 너무 많은 거짓부렁의 난무에 희석된 이 단어의 자체함유된 가치를 소생시키려면, 이 소생이 나와 내 자식의 삶에 지대한 영향을 미친다는 것을 안다면, 나 자신부터 위선에서 멀어지자! 나부터 먼저다! '개개인의 나'를 먼저 정돈하면 제아무리 악마 몇이 설쳐대도 말 그대로 '정의로운 사회건설'이 되지 않을까?

나-조직-집단-사회-국가-글로벌-지구-우주의 연결고리. 내가 '사회건설'을 목소리높여 외치는 운동가는 아니지만 **나로부터 우주까지의 연계에서 가장 우선은 '나'**로부터임을 강조하고자 한다.

'나 같은 사람이 뭘...'하며 나를 폄하하지 말자. 권력도, 지위도 없는 우리 한사람한사람이 대단한 운동은 하지 못하더라도 그저... '나' 하나만 내게서 위선을 떼어내면 되는 것이다.

'한걸음만 내디뎌도 그것은 보편적인 것, 타당한 것, 인생의 기본 색채, 그 색채에 대한 충동, 그 색채가 사라지면 생겨나는 무한한 빛에 대한 충동이 될지도[3]' 모르니까.
나는 전체이니까.
'이기'는 '이타'로 승화되니까!

물론, **나 역시 위선자임을 고백한다!** 사람이 알고 저지르는 잘못이 10이면 모르고 저지르는 잘못이 100이라는데 모르고 저지른 잘못은 어쩔 수 없다 하더라도 알고 저지른 10이 열, 백, 천, 만은 족히 넘을 듯하다. 내가 만일 아우구스티누스, 톨스토이, 루소처럼 '고백록'을 쓰게 된다면 이들처럼 단 한 권으로는 부족할 것이다. 나는 위선을 숨기고도 살 수 있었던 자기기만에 빠진 인간이었다.

마음과는 달리 칭찬해왔고
정신과는 달리 미소지었고
지성과는 달리 아는체했고
행동과는 달리 말이많았고
영혼과는 달리 이재에 밝았다.

주장과 달리 용기가 없었고
꿈과는 달리 동굴로 숨었고

---

3 말테의 수기, 라이너마리아릴케, 민음사

글과는 달리 눈이 어두웠고
진리와 달리 원망이 많았다.

내 혀는 마음에 없는 말을 잘도 했으며
내 귀는 뛰어난 편집으로 소리를 토막냈으며
내 눈은 봐야할 것에 눈감았으며
내 손은 잡아줘야 할 손을 힘들다 내쳤으며
내 다리는 넘어야 할 문지방에서 돌아섰으며
내 머리는 재빠르게 나의 것부터 계산했으며
내 심장은 뛰지 말아야 할 곳에서 마구 뛰어댔었다.

떨리는 심장과 손으로 이 글을 이 지면에 남기고야 마는…
의미는…

정의로부터 인정받는가에 대한 의심이며
'위선의 기만'에서 멀어지려는 의지이며
지금까지 써 내려간 글에 대한 의리이며
정신에게 단호하게 명령하는 의식이다.

말, 글, 표정, 눈빛, 행동, 그리고 나에게서 생성되는 모든 것은
나오는 순간 세상에 거침없이 흡수되니까.
세상에 뻥치는 나는 되지 말아야겠지.
이 글을 세상에 내놓기로 한 지금
나는 무섭고 무겁다.

'인연'에 대하여

악연에 치가 떨리든 호연에 심장이 두근대든 매한가지

뒷마당의 텃밭을 가꾸는데 익숙한 소리가 들린다. 뻐~꾹 뻐~꾹. 뻐꾸기가 드디어 왔다. 또 다른 뻐꾸기 소리가 이어 더 크게 들리더니 두 마리가 동시에 또는 교차해서 계속 서로를 부르는 듯 소리는 점점 커진다. 고개를 이리저리 돌려봐도 보이진 않는다. 하지만 가까이에 있다. 아! 드디어 짝을 만났나? 갑자기 조용하다. 사람들은 세상에 몹쓸 새가 뻐꾸기라 한다. 남의 둥지에 몰래 알을 낳고 심지어 둥지 주인더러 품어 기르게 하는 탁란(托卵)의 주인공이라서겠지. 그런데 난 뻐꾸기가 참 좋다. 이 녀석은 내게 '사람'에 대한 관점을 바꿔준 아주 귀한 배움을 선물한 녀석이라서…

뱁새 둥지에 10초 만에 알을 낳고 도망가는 뻐꾸기.
자기 몸집보다 몇 배 큰 새끼뻐꾸기를 깃털이 닳도록 키워내는 뱁새.

이들의 관계에서 뻐꾸기는 늘 악역이다.
그런데 실상을 알고 보면 참으로 아이러니하다. 뻐꾸기는 아프리카에서 여기 한국까지, 무려 왕복 2만km를, 심지어 제대로 먹지도 못하고 이동한다. 여름 철새인 이 녀석은 5~6월에 아프리카를 출발, 7~8월에 한국에서 번식한 후 다시 아프리카로 하루 평균 200km가 넘는 속도로 날아서 돌아가야 한다. 따지고 보면, 그 먼 길을 그 빠른 속도로 쉬지 않고 알.을.낳.으.러. 여기까지 온 것이다. 그리고 길어야 3주안에 알을 낳고 부화, 이소까지 끝내고 다시 새끼들을 데리고 아프리카까지 그 먼길을 떠나야 한다.

뻐꾸기에게는 단지 '살기 위한 본능'외엔 아무것도 생각할 겨를이 없다. 한국에 도착해 알을 낳을 장소를 고를 시간도, 집을 지을 시간도, 오랜 날개 짓에 지쳐 새끼에게 줄 먹이를 찾을 힘도, 물어다 줄 기력도 없다. 자기 새끼를, 이소할 수 있도록 키워 줄 그 '누군가'에게 맡기는 수밖에. 그 사이 어미는 새끼까지 데리고 다시 먼 길을 떠나기 위해 힘을 비축해 두어야만 한다.

그저 생존이다!
생존이 본능의 시작이다!

과연 누가 이 뻐꾸기를
세상에 둘도 없는 비열한 녀석이라 흉볼 수 있을까.
모성애도 없는 냉정한 에미라 손가락질할 수 있을까.
자기 새끼 살리자고 다른 아가 죽이는 살인조라 욕할 수 있을까.

그저 본능에 의한 생존일 뿐이다! **먹고 사는 것이 인간을 포함한 모든 동물들의 최우선과제**다. 여기에 도덕과 윤리는 종(種)과 시대와 관습과 문화에 따라 다르게 적용되어야 한다. 이런 이유로, 굳이 내가 뻐꾸기를 이해할 필요까지 없겠지만 그렇다고 욕하고 흉볼 논리와 권리도 없는 것이다. 이 둘의 관계는 당사자(조)가 아닌 이상 어느 누구도 시비(是非)를 가릴 수 없다. 가려서도 안

되고 가릴 필요 또한 없다. 그들은 그들만의 세상에서 그들만의 윤리로 그들만의 규칙에 의해 그들 나름의 방식으로 생.존.할 뿐이다.

과연 우리 인간은, 나는.
과연 내 새끼의 탄생을 위해 이토록 욕먹을 각오는 하고 사는가?
과연 내 새끼의 독립을 위해 이토록 냉정할 각오는 되어 있는가?
과연 내 새끼의 생존을 위해 이토록 헌신할 각오는 되어 있는가?
그리고
과연 나는 나의 생존에 치열한가?

이렇게 어처구니없지만
아이러니한 자연이 맺어준 관계를 우리는
'**인연**'이라 부른다.

인간의 시선으로 볼 때 뱁새 입장에서 뻐꾸기는 자기 새끼를 자기도 모르게 죽여버리는, 세상에 둘도 없는 악연이겠지만 뻐꾸기 입장에서 뱁새는 자기 새끼를 자기를 대신해 튼실하게 키워줄 세상에 둘도 없는 호연이다. **과연 이 둘의 관계는 필연일까 우연일까.** 이 또한 내가 알아낼 수 없다. 그저 이유가 있어 이리 맺어졌겠지.

우리네 인간도 그렇지 않을까.
나에게 상대는 천하에 없을 악연이지만
상대에게 나는 둘도 없는 호연일 수 있고
나에게 상대는 더할나위 없는 호연이지만

상대에겐 나는 결코 만나선 안되었을 악연일 수 있다.

그러니 악연때문에 치가 떨리는 것도 호연때문에 심장이 두근거리는 것도
매한가지다. **호연도 악연도 다 내게로 온 인연이니까.**
이렇게 가혹하게 냉정하게 지독하게 조화를 만드는 것이
우주의 유일한 일인 것을,
자연의 대법(大法)인 것을,
세상의 법칙인 것을,
그리고.
어떤 이유품은 절대자의 의지인 것을.

모든 인연은
일체(一切)를 위한 조화인 것을
어찌 내 작은 머리로 악연이다 호연이다 가늠할 것인가.

그저 뻐꾸기처럼 뱁새처럼 자기인생 살라고,
그렇게 서로의 인생에 할 일하러 온 것이라고,
그래서 지금 서로가 필요한 것이라고.
그것이 자연이 선택하여 내게 맺어준...
지금, 우리, 인연일 뿐이라고...

'세월'에 대하여

중년의 나에게 당부한다, 아니 명령한다.

양손으로 양쪽 볼을 당겨봤다. 볼살이 좀 빠졌으면 싶었던 적이 엊그제였는데 볼살만 빠지는데다 점점 주름이 길을 내는 시간에 내가 서 있구나를 온 피부로 느끼면서 왜 여성들이 리프팅이니 뭐니에 시간과 돈을 투자하는지 약간 이해도 되고 이러한 것들에 관심가지 않는 내 정체가 여성인지 잠시 의심도 들고... 내 양손은 여전히 잡히지 않는 볼살을 이리저리 잡아 늘여보며 궁시렁대다 점점 쳐지는 눈꼬리에 눈밑 살들이 버티다 지쳐 아래로 떠밀리더니 받쳐줄 볼살이 부족해 목까지 더 타고 내려가 턱하니 턱까지 턱내려 앉아 받쳐줄 턱없는 낭떠러지로 떨어지다 겨우 목을 부여잡고 주글주글 매달려 있다.

그래도
여전히 남보다 큰 동공에는 맑은 진심이 담겨지길,
여전히 남보다 넓은 이마엔 노고의 세월이 잘 길을 내길,
여전히 남보다 두터운 입술에선 더 깊은 지혜가 스며 나오길,
여전히 남보다 높은 콧대는 나의 열망과 갈구가 드높았음을 드러내주길,

오늘은 나의 가장 젊은 시간.
주름과 동행하는 가장 젊은 나에게
나는 당부한다. 아니, 명령한다.

남들보다 다소 가늘고 긴 손가락은 언제부터인가 툭하니 마디가 솟고 남들보다 다소 하얀 피부에는 때를 만난 듯 검은 그림자가 천천히, 하지만 뚜렷하게 드러나고 남들보다 다소 좁은 어깨는 기억자의 꼿꼿한 모서리를 둥글게 말아대니

그래도
여전히 내 어깨여, 점점 더 스스로 짊어진 삶의 무게를 견디고
점점 더 고양시킬 내 정신을 받쳐주어야 한다.
여전히 내 손마디여, 점점 바쁘게 움직이는 손가락의 미세한 율동을
한순간도 놓치지 말고 모두 잡아내어야 한다.
여전히 내 피부여, 점점 자주 신호를 보내올 나의 모든 세포와 오장육부의 상태를 제대로 간파하여 나로 하여금 미리 나의 속을 진단하게 해줘야 한다.

오늘이 내게 가장 건강한 시간이니만큼 이제부터
외양으로 드러나는 세월의 표식들과 손잡고 가야 하는 내 몸 곳곳에
나는 당부한다. 아니, 명령한다.

중년의 언저리, 서서히 노년으로 시작될 이 길에서 분명한 것은 젊은 길의 끝을 지나 여기서 저기로 가는 커다란 흐름에 내가 서 있다는 것이다. 젊음으로 누릴 수 있는 아름다움과 쾌활함과 명석함을 두루 누렸으니 지금부터는

다른 시작이 있어야겠다. 신체과 정신으로 그간 많은 것들을 누렸다면 이제부터는 그간 외면했던 영혼에 힘을 실어 소모되어 가는 신체와 정신에 새로운 기능의 옷을 입혀야 한다.

영혼은 육체의 일부다. 지금껏 소홀했던 나의 일부여, 여태 밀착되었던 나의 신체들을 보완하고 보호하고 보듬어 주길 내 간절히 청한다. 이제서야 영혼에게 나를 맡기려는 치사하지만 간절한 소망은 나의 삶이 나를 그리로 이끄는 자연스러운 행로인지라 내 소관을 너머 이치가 그러하다에 타당한 부여를 담고

나의 삶이 다채로움에서 선명해지는 길로,
나의 삶이 채색에서 투명해지는 길로,
나의 삶이 높고 날카로운 음계에서 균형있는 음률을 음미하는 길로,
나의 삶이 꼭지점을 향하던 민감함에서 더뎌도 밀도와 부피를 채우는 길로,
나의 삶이 가열차게 흡입했던 모든 것을 토해내고 나를 비워내는 길로,

영혼이여, 그리로 나를 이끌길
나에게 당부한다. 아니, 명령한다.

톨스토이가 나 들으라 한탄한 가르침, 왜 영혼이 이끄는 길을 가지 않는가[1]? 질책인지 당부인지 의문인지 모를 물음표에 나는 이제서야 간단하게, 그리고 당연하고 마땅하게 답할 수 있겠다.

---

1 살아갈 날들을 위한 공부, 레프 톨스토이, 조화로운 삶

겨우 지금에서야 영혼의 존재를 받아들였다고
겨우 지금에서야 영혼이 길을 이끔을 깨달았다고
겨우 지금에서야 영혼에 의지할 용기가 생겼다고
겨우 지금에서야 영혼이 날 어디로 이끄는지 묻지 않겠다고
겨우 지금에서야 영혼이 날 어디로 이끌든 그 길을 믿고 따르겠다고

가치있던 것을 소용없게 만드는 세월 앞에서...
소용없던 것에 가치를 보여주는 세월 앞에서...
이것으로 인해 저것을 명확하게 보여주는 세월 앞에서...
더불어의 가치를 내게 가져다준 세월 앞에서...
진실의 누적이 가슴을 정화시켜 욕구의 한계를 거둬내는 세월 앞에서...
삶의 낡은 것을 가장자리로, 새로운 것을 가운데로 배치시킨 세월 앞에서...

어제 젊어 누린 많은 것들에 미련두지 않고
오늘 새롭게, 새로운만큼, 새로움답게 시작하겠노라고.
새로운 시작 앞에서 나는
다시 갓난아기가 되어
다시 순수하게
다시 모든 것에 새 숨결 불어 넣어

내 안에서 요동을 기다리는 붉은 피들이 더 뜨거워지길
내 안에서 활동을 기다리는 응축된 욕구들이 더 성질내주길
내 안에서 전진을 기다리는 기체와 액체들이 입으로, 눈으로, 모든 뚫린 곳으로 더 분출되길

남은 생 내가 온전히 쓰이도록
나에게 당부한다. 아니, 명령한다.

참으로 다행이다. 세월이 나를 제때 제자리에 제대로 서게 해줘서.
참으로 다행이다. 신체와 정신이 영혼의 손을 잡아줘서.
참으로 다행이다. 나란 사람 이 나이에 여전히 쓸모 있어서.
참으로 다행이다. 내게서 소멸되어 가는 것들에 감사함이 더 커져서.
참으로 다행이다. 지금부터 새롭게 생성시켜야 할 것이 뭔지 알게 되어서.
참으로 다행이다. 노령으로 가는 커다란 문 앞에서 버려야 할 것과 담아야 할 것이 분간되어서.

그리하여, 참 다행이다…

나로 하여금
'참을 수 없는 존재의 가벼움[2]'이
'참아내야 할 존재의 묵직함'으로 내 안에 터를 잡게 되어서…

---

2 밀란 쿤데라 저서 '참을 수 없는 존재의 가벼움' 제목 인용

'채무'에 대하여

빚부터 갚고! ZERO로 살기

내 하루를 따져봐야겠다. 새벽에 일어나 태양이 주는 모든 기운부터 고스란히 받고 물 한잔으로 내 몸에 수분 채워주고 신경전 끝에 깨운 아이의 호들갑에 짧지만 진한 사랑도 느끼고 새벽 내내 읽는 책의 귀한 글귀들로 내 정신의 양식도 채우고... 이 귀한 것들을 새벽 시간에 몽땅 얻는다.

태양, 물, 자녀, 책.
내 것이 아닌 것들을
나는 오로지 얻기만 했으니
빚이다.
채무, 빚이라 하면 경제적인 것만으로 국한했던 나였지만
이제 아니란 것을 알만한 어른이 됐다.

내가 읽는 글,
듣는 말,
자연의 기운,
사람들의 웃음,

그리고 지구상에서 벌어지는 다채로운 현상들
이 모든 것들의 채무에 나는 변상할 의무가 있다는 것을 이제는 아는 어른 이란 말이다.

'가장 비겁한 자는 보은에 등돌리는 자'¹라고 에머슨이 알려줬는데 여태 나는 비겁했으며 심지어 비겁한지도 모르는 오만하고 무지한 어른이었다. 내가 잘해서, 내가 그리 선택해서, 내가 착해서, 내가 열심히 살아서 그런 줄 알았으니까 나는 비겁+오만이었던 것이 맞다.

이렇게 귀한 성현들이 나를 키워주는데 나는 뭘 하고 있나?
이렇게 선한 사람들이 나를 웃게 하는데 나는 뭘 줘야 하나?
이렇게 멋진 대자연이 나를 살게 하는데 나의 감사는 어떠한가?

돌려주지 않으면 나는 기형이 된다,
머리는 큰데 손발은 움직이지 않는,
돌려주지 않으면 나는 불구가 된다,
아는 것은 많은데 사는 것이 힘든.
기형도 불구도 원치 않는다.

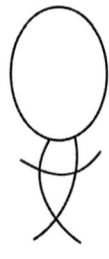

그러기 위해 내가 해야 할 우선은 크고 대단한 것이 아니더라. 그저 오늘 주어진 것에 대해 '내가 선택되었다'는 수동적인 마음으로 감사함을 인.지.하고 그 채무를 변상하기 위해 더 많이 더 깊게 더 넓게 더 제.대.로. 말하고 침묵하고 읽고 쓰고 존중하며 **하루에 진 채무는 하루에 변상하는...**

---

1 자기신뢰철학, 랄프왈도에머슨, 동서문화사

하루를 0(zero)로 만드는 것.

가장 큰 빚은 나답게 살라고 지금껏 우주가, 자연이, 내게 모든 것을 다 허용했는데 그 혜택을 권리로 착각하고 살았다는 것이다. 인간이 빚을 갚는 것만으로 만족하면 안되겠지. 빚을 갚고 돈을 따로 모으듯 나의 삶, 오롯한 나의 삶을 만들기 위한 축적이 있어야겠지.

순서는 채무해결부터다.
새벽을 빚으로 시작했으니 오전내 정산을 끝내면, 오후에 접어들 때부터 마이너스(-)는 0이 되고 이내 플러스(+)로 전환된다. 0이 되는 순간부터는 기형도 불구도 아니기에 나를 만드는 것을 시작한다. 빚없는 홀가분함으로 오로지 얼마나 무엇을 어떻게 쌓느냐에만 집중하면 된다.

이 얼마나 단순한 계산이며 알찬 하루인가!

이 축적은 '격'으로 드러난다. '격'은 덤이다. 생존이, 빚이 해결되면 나의 존재가치가 나에게 '격'으로 쌓여 나의 하루는 '인격'을 쌓아주는 고마운 날이 된다. 매일매일 되풀이되는 이 단순한 산술 계산에 의해 오늘도 나는 채무자가 아닌, 그렇다고 채권자도 아닌. 단순한 제로(0)로, 매일 새롭게 하루를 살아갈 권리를 누릴 수 있다.

하루의 시작은 (-)를 변상하는 것부터.
0이 되는 순간 (+)로 격을 쌓아가는.

'기본자세'에 대하여

칼부터 갈고

나는 시골에 산다. 작년 가을 외관상으로는 느닷없이 터를 옮긴 것처럼 보이지만 '엄마는 꿈을 이뤘네'라는 아들의 말에 비추어 기억을 거슬러보니 난 아주 오래전부터 '마당있는 시골'에서 살겠다 했고 시골로 가고 싶어 장기목표에도 그리 적었었고 글에도 '시골로 가고 싶다.'며 곧잘 표현했었다.

느닷없는 우연은 필연으로 귀결된다.
나는 여기 이렇게 '숲', '창', '물' 속에 앉아 글을 쓴다.

집에서 조금만 걸어 나가면 강이라고 하기엔 좁고 천이라 부르기엔 넓은 강물이 흐른다. **강은 제자리를 고요히 지킬 뿐인데** 참으로 많은 것들이 담겼다 흘러간다. 아니, **참으로 많은 것들을 담았다 흘려 보낸다.** 이 구름에서 저 구름을, 이 새에서 저 새를, 바람이 흔들어대는 나뭇잎의 요란함도, 아무것 없이 덩그레한 하늘도… 그저 품는다. 품을 뿐이다…

강물을 밀어내며 떼지어 날아든 오리떼를 피해 백로가 날아든다.
혹시 들킬까, 방해될까 나무 뒤에 숨어 녀석의 나신을 본다.

날개를 물속에 넣었다 뺐다 목욕에 한창이다.

강물은...
오가는 어떤 것에도 참견, 거부, 애착이 없다.

강물은...
나무와 새와 구름과 백로를
부르지 않았다.
청하지 않았다.
기다리지도 그리워하지도 않았다.

나무와 새와 구름과 백로가 강물을
그저 지나갔던 것이다...

지나가고자 지나가는 것을 그대로 담았을 뿐,
지나가고자 지나가는 것에 자신을 열었을 뿐,
지나가고자 지나가는 것에 자신을 내줬을 뿐,
그저 그렇게 그 자리에 존.재.했을 뿐.

**그저 자기자리에서 자신이 품은 수많은 생명들을 지키며
자기 갈 길을, 자기속도로, 그렇게 흐르고 있었을 뿐이다.**

자신이 품은 생명들을 지키는 것도 버거울텐데
오가는 녀석들이 담겼다 떠나든, 목욕을 하든, 물수제비를 뜨든 상관않는다.

그저 묵묵히...
자신의 물길을 흘려 보내며 갈 길만 갈 뿐이다.

서두르지도 쉬지도 않는다.
그저 묵묵히...
그냥 묵묵히...

강은 그대로인데 수면이 변화하는 것.
고요하지만 유동적인 움직임을 갖는 것.

나는 이 강에 어울리는 존재이고 싶다. 나를 위해 존재하던 모든 생명들, 그 얼과 넋과 혼을 품고서 나를 지나가는 모든 것들, 모든 이들을 있는 그대로 담았다 제 길 가는 데에 힘을 보태며...

그렇게 묵묵히 내 갈 길을 가야겠지.
그렇게 일관된 고요함으로 열려 있어야겠지.
그렇게 고요속에 고유(固有)하면 현상은 나를 거쳐 자기 갈 길 가겠지.
그리하면,
강물이 유심히 나를 관찰해도 부끄럽지 않겠지...

'굽이굽이 돌고돌아 다시 그 근원으로 되돌아가는 강을 보라!' 그는 자신이 없는 동안 사람들에게 무슨 일이 일어났는지, 이를테면 그들이 보다 위대해 졌는지 아니면 보다 왜소해졌는지를 알아내고 싶었다[1].'

---

1 차라투스트라는 이렇게 말했다, 니체, 책세상

강이 나를 보고 있단다.
내가 위대해졌는지 왜소해졌는지 강이 알고 싶단다.
강조차도 나를 보려하니
현상에 감각을 곤추세울 필요도
현상을 잡아보려 힘쓸 필요도
현상을 오지 말라 막을 필요도 없음이다.

강물이 맑다면 있는 그대로를 비출테고
혼탁하다면 오는 것조차 비추지 못할테니
나의 할 일이란 게
나를 그저 맑게 곧게 곱게 강처럼 지켜내면 될 터이다.

자세는 내부의 드러남이다. 괴테가 어릴적 알았던 이 진리를 난 중년이 된 이제서야 깨닫는다. 그는 연극을 마친 후 '어릴 적부터, 내가 나 자신이나 세상을 바라볼 때의 내적인 성실함이 나의 외모에도 나타나[2]' 있다고 말했다.

나의 자세는 유동적인 나의 지성과 심성의 외현화다. 내 육신의 연합이 고유속에 고요하면 그저 무엇이든 내게 담겼다 씻겼다 머물렀다 지나갈 것이고 소란스럽다면 세상 모든 것으로부터 외면당하겠지. 그렇게 고요한 고유가 아닌 적막과 어둠의 고립으로 홀로 남겠지. 또한, **나의 자세는 나에게서 지나간 흔적들이 누적된 총체**다. 지금 나의 눈빛, 말, 글, 손짓, 표정, 분위기, 에너지... **나로 대변되는 모든 것은 지나간 모든 것의 결과다.**

---

2 시와 진실, 괴테, 동서문화사

강물이 자정력으로 스스로를 맑게 하며 자기 갈길 가면서도 품은 생명체들에게는 숨을, 지나가는 모든 존재에게는 쉼을 내어주듯 나 역시 내 시간의 역사가 만들어놓은 지금의 나. 나의 탁도와 순도에 따라 담길지 품을지 그러하지 못할지... 가늠되겠지.

자세는 품는, 품은 양과 질에 의해 판단, 비판, 평가되리라.
즉, 자세는 결과의 근원이며 결과는 자세의 증거이다.

일이란 좋은일, 나쁜일, 큰일, 작은일을 막론하고 그것을 마음속에 두어서는(有) 안됩니다. 이 '둔다', 有자는 한군데 붙어 있고 얽매여있음을 말하는 것으로 正心(공심), 助長(조장), 計功(계공), 謀利(모리)의 각종폐단이 주로 여기에서 생기기 때문에 마음에 두어서는 안된다는 것입니다[3]. 퇴계는 마음을 집중하는 것과 얽매어 있는 것에 대한 차이를 설명했다. 어떠한 결과를 위해 나의 심정과 언행에서 안달을 느낀다면 얽매어 있는 것이니 그저 마음을 두지 않고 신독(愼獨)으로 자체정화에 집중하는 것이 우선이어야 한다.

또한, '윤리적, 도덕적인 것을 말한다기보다 일상의 모든 행동거지에서 마음이 하나가 되게 하여 성공적인 수행을 위한 것'[4]이 모든 드러나는 것이라 했다. 퇴계가 김돈서에게 주는 서한에 앉고 눕는 자세, 궤좌(跪坐), 위좌(危坐), 언와(偃臥)까지 상세하게 알려준 것을 보면 무의식적으로 인간이 행하는, 이미 몸에 배어 있는 작은 행동거지, 즉, 외적자세는 그 사람의 내적자세의 드러남이니 즉, 내적자세는 성공적인 수행을 위한 바탕인 것이다.

3, 4 퇴계선집, 이황, 현암사

'자세가 모든 것이다.'라는 말은 진리다.
누가 보든 안보든 강물은 스스로를 정화하고 있었다.
신독(慎獨)이었다...

나의 외적자세는 나의 지적, 심적 연합의 드러남이다.

오관(五官)으로 들어온 현상이 가슴으로, 가슴의 진동이 머리의 지성으로, 가슴과 지성의 주관으로 모든 세포가 반응하는 미세한 행위는 다시 감각으로, 이 각각의 운동들이 어지럽지도 엉키지도 않게 자기 자리에서 자기 기능을 수행한다면 이 모두를 주관하는 나의 사상이 내가 원하는 '실재'로 창조될 것이다.

내가 원하는, 아니, 내가 마땅히 쓰여야만 할 삶을 위해 나는 강처럼 모든 것에 '열려' 있어야겠다. 하지만 이러한 '열린 정신과 마음'이 모든 것을 받아들이겠다는 의미일지라도 받아들인 것들이 제각각 움직이게 하겠다는 의미는 결코 아니다. 마치, 강물이 미생물부터 암모니아까지 모든 것을 담고서 움직이는 것들을 조율, 정화하면서도 수면의 고요함을 지독하게 고집하듯 나 역시 나의 통제와 조율을 가미하여 '원하는 바'가 가는 길에 합당하도록 나의 고요를 고집하겠다는 의미다. 나라는 사람의 본성을 일관되게 지키겠다는 의미. 이것이 **모든 것을 열어 담되 스스로를 혼탁시키지 않는 기본을 지키는 자세**다.

'나에게 나무를 베는 데 6시간이 주어진다면 도끼날을 가는데 4시간을 쓸 것이다.' 유명한 링컨의 명언이다.

링컨이 4시간 도끼날을 갈았던 사실은
나무를 베어야만 하는 **이유에 대한 수용**과
주어진 조건 모두를 **이해한 지각**과
그것들을 오로지 받아들인 그의 **열린 마음**이
움직이지 않는 **하나의 방향**을 지목했기 때문이며
이 마음은 목적하는 바를 위해 시간의 함수 안에서 도끼날을 가는 기본에 많은 시간을 할애하는, 결과를 위한 효율적인 실천이었다.

나 역시 내가 원하는, 내가 쓰여야만 할 그 방향에서의 결과를 위해 제대로 칼날을 갈아야 한다. 무딘 날에 손이 베이지, 제대로 선 날에는 손이 베이지 않는다. '칼날을 간다'의 의미는 왜 날이 선 칼이 필요한지에 대한 목적과 날 선 칼이라는 도구에 대한 이해와 그것을 사용할 시기적절함이 모두 연합되었을 때 '칼날을 가는' 행위에 혼이 담기고 '칼날을 가는' 행위가 나의 깊은 뿌리가 되어 느닷없이 밀려드는 해악과 재앙에도 날 지켜줄 것이다.

이렇게 제대로 날세운 칼 앞에서 우리는
'서슬이 시퍼런' 기(氣)를 느낀다.
기본을 일관되게 지키는 것은
'서슬이 시퍼런' 경지에 나를 세운다.

제 아무리 엉뚱하고 기이한 현상들이 오더라도
그 모두를 담아내어 정화시키고자
혼란하더라도
자기 자신을 꼿꼿하고 한결같이 유지시킬 수 있는 기(氣).

무언가를 갈구한다면
어딘가로 나아가려면
어디선가 솟구치려면

나는 '서슬이 시퍼런' 기를 위해 내면의 '칼'을 가는 데 시간을 투자해야 한다. 원하는 것이 가치있는 위대한 결과일수록 더 길고 깊은 일관(一貫)으로 날을 갈아야 한다.

책, 글, 사유의 결이 같은 벗과 맘껏 사유할 수 있는 자연 속 공간.
책, 글, 사유의 결과로서 정신의 물질화를 이뤄낼 인간.
책, 글, 사유의 자체정화, 자체동력, 자체자전의 순환을 만들어낼 시간.
이 모든 것들을 위해 제대로 쓰여야 할 내가 되고 싶다.

내면의 칼을 가는 것은
강물이 자체해독력으로 끊임없이 자정하며 맑고 고요함을 유지하는 것처럼 나 역시 그렇게 나를 해독하며 새로운 창조를 위해 강에, 자연에, 세상에, 사람에 어울리는 내가 되어 **그 곳에 '없으면 안되는 존재'로서 나에 대한 타당성**을 허락받도록 만들어내야 한다.

'실체로서 창조되어야만 하는 것'은 '타당'이라는 명분을 지닌 '이치'의 길에서만 용인된다. '이치'가 가는 길에 '나'라는 사람이 타당한 명분을 지닌 자라 판단된다면 분명 '적당'한 때에 '합당'하게 '실체'로서 드러날 것이다.

그러니, 내가 매일 해야 할 것이라곤

책과 글과 사유의 일상에서
내면의 고유성을 고요히 유지하며
외면의 유동성이 자연스레 흐르게
모든 것을 담고 품고 정화하는 것에 집중하는 것외에 달리 할 일이 무엇이
겠는가...

이치에 합당하다면
일은 일이 가는 길을 갈 것이니...
내가 일에 어울리면 되는 것을...
그저 기본자세를 다지면 되는 것을...

'책임'에 대하여

위대(偉大)한 책임 앞에서

나는 나를 초라하게 보지는 않지만 작게 봤다.
나는 나를 화려하게 여기지 않지만 귀하게 여겼다.
나는 나를 위대하다 생각지 않지만 대견하다 생각했다.
나는 나를 천박하다 취급지 않지만 미진하게 취급했다.
나는 나를 산만하다 느끼지 않지만 부정확하게 느꼈다.
나는 나를 무식하다 말하지 않지만 무지하다 인정했다.
나는 나를 부유하다 규정지 않았지만 가난해질 수 없는 존재라 규정했다.

집 옆 비탈엔 커다랗고 화려한 엄마단풍나무가 흐드러지게 씨를 뿌려 아가 단풍나무들이 그 아래로 엄청 많다. 그 중 한뿌리를 살짝 우리 마당으로 옮겼다. 나 역시 작은 모종삽으로 살짝만 퍼도 여기서 저기로 옮겨지는 아직 자라지 못한 나약한 생명체일 것이다. 그러나 난 아가가 아니다. **어른인 내가… 여기서 저기로 아직도 옮겨지는 존재라면 한없이 부끄러워해야 마땅하다.**

오래전부터 나는 인간이 스스로 규정한 고등동물로서의 가치를 스스로 잃어가는 중이라 여긴다. 내가 자연의 위대함을 가슴 깊이 느끼면서부터 이 생각은 더욱 강해졌다. 하등하다 고등하다는 규정 자체도 인간이 만든 것이기에 어차피 시작부터 팔이 안으로 굽은 편협된 설정에서 비롯된 분류다.

'위대'하다는
가장 본성적인 삶을 사는 생명에게 붙여져야 어울리는 단어가 아닐까?

偉大(클위, 클대)
크고도 크다.
큰 것보다 더 크다.
큰 것 중에 가장 크다.
큰데도 계속 커진다.

하지만, 분명 크기를 말하는 것이 아니다. 태어나면서 심겨진 커다란 자신을 제대로 현실화시켜 큰 자신으로 세상을 살아가는 생명, 크게 크게 자신을 키우고 크게 크게 자신의 존재를 소리치고 드러내는 생명.

그래서, **가장 큰 것은**
자연이 부여한 본성 그대로
자신의 전부를 쓰며 사는 이에게
'위대' 두 글자는 참으로 적합하다.

얼마전까지 물이 고인 곳마다 빽빽하던 올챙이와 그새 자라 창문틀에 심심치 않게 붙어 날 쳐다보는 개구리, 매일 돌을 조금씩 치우는 내게 들켜 줄행랑치는 도롱뇽, 거대한 엄마나무에게 보란듯이 봄이 되자 모습을 드러낸

측백, 주목, 소나무아가들, 작년 가을 떨어져 낙엽속에 감춰졌던 밤을 잘도 찾아 오물거리는 다람쥐들, 언제 오려나 기다린 내 맘을 아는지 다시 해먹에 누운 내 앞의 벗나무에서 딱딱거리는 딱따구리, 작은 텃밭을 일구려 땅을 파는 내 앞에 어김없이 등장하는 굼벵이와 자기들의 성전짓기에 여념없는 개미들.

이들이 나보다 위대하지 않다고 감히 누가 말할 수 있을까.
영하 20도가 넘는 추위에 겹겹이 껴입은 옷으로도 모자라 벌벌 떨던 나보다 이리 거뜬히 '나! 다시 등장했다!' 소리치는 이 작은 몸집의 위대한 생명들이 어찌 감히 나보다 하등하다 말할 수 있겠냐는 말이다. 모든 생명은 자체본능에 후천적 학습을 더 키우며 종족을 보존하고 자신만의 역사를 이어간다.

스스로 고등동물이라 규정지은 인간이기에 더욱 그러해야 할진데...
작금의 교육은 제도를 위해, 인간의 정신을 규격화시키기에 심혈을 쏟는다.
사회가 제대로 굴러가기 위한 고급노예의 생산을 위해 모든 교육이 열심이다. 대기업취직을 종용하고 월급 몇푼에 서열이 나뉘고 아파트평수에 행복순위가 결정되고... 노예의 길로 들어서길 거부하거나 노예를 청산하고 창업을 꿈꾸지만 성공률은 1% 남짓, 그나마 성공했다 하더라도 거대자본으로 흡수되는 수순을 거치게 된다.

소수를 위한 다수는 자신의 위치와 길을 잃은 채 그저 열심히만 달린다. 아주 작은 모종삽으로도 쉽게 자리가 옮겨진다. 그리고 또 부드럽게 들려오는 소리에 얇은 귀는 펄럭인다. 노력에는 반드시 대가가 따른다면서 여기서 또 열심히 해보라는... '어떤' 노력인지에 대해 함구한 채 그들의 노력자체만을 신성시하며 부추긴다. 열정을, 의지를 불태우라 한다. 무엇을 위해? 소수의 부를 위해 다수는 자신의 꿈보다 타인의 꿈을 위해 너무나 열심이다.

교육의 효과다.
다수의 과한 노력, 열정, 의지의 생성은
극단적인 소수의 잉여자산으로 쌓인다.

이런 사태들과 결과된 것들을 거론하는 것에 인색한 것인지 무심한 것인지 체념한 것인지 여하튼 나는 인간으로서의 나를 찾는 길을 우선으로 한다. 내가 진심으로 내 생을 다하는 것에 노력을, 대가를, 열정을, 꾸준함을 보낼 것이지 결코 소수를 위해 나를 잃고 나의 삶이 남의 체취로 남게 되는 묻히는 길은 걷지 않기로 결단한 것이다.

이런 나에게 '책임'에 대해 묻는다면...
지금의 나는 보다 명철하게 답할 수 있다.

나의 인생을 제대로 살아가는 것,
'나로서 존재하라'는 명대로
나를 찾고 알고 키워 세상의 조화에
적합한 하나의 개체가 되는 것,

그렇게 아가 단풍, 주목, 측백, 소나무가 그들의 엄마나무처럼 당당하듯 나 역시 당당한 내가 되어 자녀 또한 당당한 또 하나의 개체로 키워내는 것, 죽음 앞의 나에게 내 삶의 선용(善用)을 물으면 썩 쓰일만한 유전을 유산으로 남겼음을, 진실되이 말할 수 있도록 나에게 부여된 책임의 시작은 여기부터여야 했다.

여기저기 꿀을 찾아 날아다니는 벌이나
여기저기 먹이를 찾아 어슬렁거리는 초원의 사자나
여기저기 자기 씨를 퍼뜨리는 민들레나
여기저기 자기 체취를 묻히며 산책하는 강아지나
모든 생명체는
한결같이 주어진 조건에서 본성에 의지하며 조화에 일임, 일익(一翼)한다.

좁아진 하늘 위를 빙그르 돌며 먹이를 탐하는 매도
사람있는 곳이면 어디라도 둥지를 트는 제비도
전봇대 사이에 자기 영역을 멋드러지게 건설한 거미도
나물 캐는 내 앞에 가끔 얼굴비추며 먹이찾아 나선 고라니도
어쩌다 저 탄천에 둥지를 틀었는지 이유모를 너구리가족도
그 어떤 생명체도
하늘이 좁아졌느니 왜 인공탄천이 생겼느니 왜 전봇대가 길을 막느니 왜 사람들이 여기까지 올라오느니 아무 탓없이 그저, 주어진 환경에서 본능을 최대한도로 키우며 자신의 삶을 이어가며 모두 조화를 이룬다.

이들에겐 '가공'이 없다.
그저 자연에 대한 믿음뿐이다.

주방쪽으로는 작지만 알차게 스스로를 키우고 있는 벗나무와 밤나무가 있

다. 며칠 전 벚꽃이 떨어지자 '이제 내 차례!'하며 마치 기다렸다는 듯 밤나무는 새순을 돋운다.

인간은 자기 본성을 잃어가는 줄도 모른 채 여기서는 이것을, 저기서는 저것을... 걸치려, 들으려, 말하려, 보이려 애쓴다. 저 무리에 들어가면 마치 세상이 날 성공자라고 불러주리라 믿는 듯, 상대에게 잘 보이면 마치 내 삶이 수직으로 치솟을 듯, 한 번만 두 눈 질끈 감으면 마치 엉킨 굴레에서 벗어날 수 있을 듯...

그저 앞만 보고 달린다.
계층에 머리를 조아린다.
서열에 자신을 매어둔다.
위계에 알아서 들어선다.
그렇게 **자신이 스멀스멀 마모, 소모되는 줄도 모르고 열.심.히. 살아간다.**

죽음이 깨우기 전에 스스로 눈을 떠야지[1].

본성에서 멀어져야만 적응할 수 있는 사회 만든 자 누구인가?
양서(良書)보다 숫자에 익숙해야 하는 능력주의 만든 자 누구인가?
눈빛보다 명함에 자기를 설계토록 삶을 조장한 자 누구인가?
자연으로 향해야 할 시야에 마필가리개 씌운 자 누구인가?
내 꿈보다 소수의 꿈을 위해 착각하며 살도록 감각 둔화시킨 자 누구인가?
'세뇌된 현대적 빈곤', '극단적 격차로의 불안' 선동한 자 누구인가?

---

1 영혼의 자서전, 니코스 카잔차키스, 열린책들

작금의 교육이 곧 사라질 직업을 위한 것임을 알면서도 체제유지를 위해 변명에 능숙한 자 누구인가?
'얼'없이 채운 '열'이 '열정'이라 부추긴 자 누구인가?

누구를, 무엇을, 어디를 탓하랴!
이런 말할 자격도 없으면서.
탓할 필요성도 못 느끼고 해봐야 소용도 없다.

그래선지 나는 많은 이들이 안달나게 원하는 것들에 관심이 없다. 그런 것들로 나의 환심을 사려 한다면 나를 잘못 본 것이다. 얼마짜리 무엇, 유명한 어디, 다들 인정하는 그 자리. 하나쯤 지녀야 할 그것, 이런 것들은 이제 나의 관심밖이다.

이 모두를 다 준다해도 결코 바꿀 수 없는,
바꿔서도 안되는 대명제를...
나는... 겨우겨우... 이제라도...
알아버렸기 때문이다.

나는 나의 삶을 진지하게 살기로 한 것이다.
나는 나의 삶을 진솔하게 보듬기로 한 것이다.
나는 나의 삶을...
이제서야...
사랑하게 된 것이다!

나는 나를 사랑하기로 나의 자아와 약조한 것이다.
나는 나를 제대로 살게 해주기로 나의 삶과 약조한 것이다.
나는 나를 더 크게 키워 더 제대로 쓰이게 하겠다고 우주와도 약조한 것이다.
나는 나를 인공에서 자연으로 이동시켜 자연의 위대한 힘을 무한사용하도록 약조받은 것이다.

따라서, 내가 지금부터 집중해야 할 규정들은 다음과 같다.
나의 정신의 온도는 차갑게,
나의 심정의 각도는 바르게,
나의 육신의 강도는 강하게,
나의 영혼의 기후는 맑게,

나와의 휴전을 끝내고 그동안 지배당했던 관성과 관념에서 벗어나 본성의 나와 지금의 나는 손을 잡았다. 이러한 생이 얼마나 가치있는 삶인지 보여주려, 보여줘야 한다. 나의 자녀에게, 나와 방향을 맞춘 동반자들에게.

이러한 책임만 나는 나에게 부여할 뿐 다른 무엇에게로는 무책임하기로 했다. 위대해지지 않는 것으로서 내 자신에게만은 위대한 자가 되기로 했다. 나의 본능 위에 말뚝을 박고 그 자리를 지킨다면 온 세상, 온 우주가 나를 바라본다는 사실을 믿기로 했다. 나는 그렇게 나에게만 무한책임을 지우기로 했다.

나는 부족한 나를 스스로 부여잡고 거대한 자연의 힘에 의지하여
나의 가치를 나부터 인정할 수 있도록,

나의 가치는 나에게 먼저 인정받도록 나를 이끌고 있다.

사자가 초원을 누비며
벌이 꿀을 찾으며
민들레가 씨를 퍼뜨리며
강아지가 소심한 자욱으로 자신의 영역을 확보하듯
사과나무는 사과를 맺는 것만을,
장미는 장미를 피우는 것만을,
들꽃은 들꽃을 피우는 것만을.
그저 감사하며 위대한 생을 살아내듯
나는 나에게만 위대한 존재이면 된다.
나는 나에게 부여된 책임만을 받아들이면 된다.
나는 내게 부여된 책임 외의 모든 책임을 거부할 권리가 있다.

이것이 책임의 기본,
나와 내 생에 대한 위대한 책임이다.

'소신'에 대하여
이리 생겼으니 이리 살아야지

이리 생겼으니 이렇게 살아야겠지
이리 생겼으니 이길로 걸어야겠지
이리 생겼으니 이것을 해내야겠지

저리 생긴 사람들 흉내내보고
저리 생긴 사람들 신경써가며
저리 생긴 사람들 틈새어디서
저리 생긴 사람들 훈수들으며
저리 생긴 사람들 따라봤지만

저리 생긴 사람들 시공간 속에서
애써도 채워지지 않는 빈공간 속에서

저리 살아지지 않는 절대공간의 압력과
이리 살라 자극하는 상대공간의 장력과
여기 나를 바라보라는 심연속의 중력과

저기 결코 저항하지 못하는 의미의 위력으로
저리 생긴 사람들 저리 살라 하고
이리 생긴 나는 이리 살아야겠다.

이것이 소신(所信)이다.

소신의 도착지는 소망(所望)이요,
소망이 가는길은 소명(召命)이니
소명을 부여잡고 소연(所緣)하게
그리 한번 살아봐야겠다...

모두의 차림새가 저리 비슷하고
모두의 걸음새가 저리 향해가고
모두의 쓰임새가 저리 쓰여지고
모두의 모양새가 저리 짜여가니

'조화'가
'일체(一切)'라 알려주려
'일각(一刻)'의 지체도 허용않는 우주에게
미안하기도, 비겁하기도, 민망하기도 한 지금,
이제
흐름따라 내 생긴대로
'일념(一念)'을 전하는,
그것이 소신이겠지.

나는 나대로, 나로써, 나여야 하는 이유찾아,
나의 쓰임에 적합하게
이리 사는 것이
나로부터 모든 것에,
모든 것으로부터 나에게
떳떳한 삶이겠지.

'자유'에 대하여

자유(自有)로 말미암아 자유(自由)로운

'나 어떡해 너 갑자기 떠나가면 나 어떡해 너를 잃고 살아갈까 [1]'
양평으로 향하는 도로는 뻥 뚫렸다. 드라이브와 7080 통기타 노래에 또 기분은 내 통제를 벗어났다. 얼마나 크게 따라 불렀는지 목이 다 쉬어 버렸다. 그렇게 메들리로 신나게 흥에 취하다가...
어느 순간, 눈물이 주루룩...

나는 느낀다.
그리고 나를 또 알게 된다.
내가 원하는 간절한 것이 자유.라는 것을.
나 스스로 옭아맨 나로부터의 내적해방이라는 것을.

자유(自由)란
나로 말미암은 것들로부터,
나로 말미암은 것들을.
나로 말미암을 수 있도록

---

1 '나 어떡해', 1999, 샌드페블즈

나로부터 비롯된 모든 것의 총체다.
주체적으로, 자율적으로 선택한, 그리고 앞으로도 선택할 수 있는, 나의 세상에서 살 수 있다, 살고 있다는 느낌이다.

그런데, '자유'라는 글자에는 명확한 **기준**이 있다.

먼저, **'주인이 있느냐 없느냐?'**다.
'자유를 누리기 위해선 자유롭지 않은 길을 지나가야만 한다 [2]'. 즉, 자발성을 빼앗긴 예속(隸屬)이 전제된 길을 지나야 얻을 수 있는 것이 자유다. 구속, 종속. 자유를 위해 예속은 반드시 필요하다. 그러니 날 예속시킨 주체는 무조건 있다.

주인이 있느냐 없느냐?에 답이 나왔다면
둘째, **'주인이 누구냐?'**다.
환경이 나의 주인이냐? 남이 나의 주인이냐? 내가 나의 주인이냐?

예속은 자발적 예속과 비자발적 예속으로 구분지을 수 있다. 자, 자발적 예속이라면 나의 주인은 나다. 하지만 비자발적 구속이라면 외부로부터 내게로 잠입되어 내적으로 고착된, 그러니까 나의 주인은 내가 아닌 것이다. 누구냐 말이다. 누구인지를 찾고 '주인'으로서 타당한지 깊이 숙고해 볼 필요가 있다.

이에 대한 답이 나왔다면 또 다음 단계,

---
2 스킨인더게임, 니콜라스나심탈레브, 비즈니스북스

셋째, '주인을 내가 택했냐? 주인이 나를 택했냐?'다.
자발적 예속이라면 상관없겠지만 비자발적 예속이라면 어떤 주인이 나를 예속시켰는지 내가 주인을 선택해 스스로 예속을 강제했는지에 따라 또 구분된다. 내가 선택한 주인에 의해 강제예속되었다면 이는 자발적 예속이라 할 수 있으니 결국, 예속의 주체에 대해서는 선명한 고찰이 필요한 것이다.

진정한 자유(自由)란
'내 안에 있는 나만의 것(자유, 自有)을 꺼내기 위해 스스로 선택한 '자발적 예속'으로 내 인생을 본성의 의지대로 운용할 수 있는 힘'이다.

내가 나를 주인으로 섬기고(자유,自有)
내가 나로써 사는(자유,自由)
즉, 자유(自有)로써 자유(自由)로운.
이것이 진정한 자유다!

이렇게 자유에서 잔가지를 쳐내고 남은 줄기 하나를 바라보면 모호했던 답이 조금은 선명해진다. 그렇다면 이제 자유를 위한 예속의 강도를 살펴볼 필요가 있겠다.

첫째, 자발적 예속을 했을지라도 앞서 표현한대로 '내가 여전히 자유를 갈망'한다면 예속의 강도가 약한 것이다. '자유'라는 추상성을 어떤 상태로 구체화시킬 수는 없지만 '아~ 자유롭다'는 느낌보다 '아~ 자유롭고 싶다.'는 느낌이 강하다면 예속의 강도를 높여 원하는 느낌을 더 빠르게 불러올 수 있을 것이다. 하지만, 너무 예속의 강도가 높아 오히려 반대급부로 '자유를 위한 예속'이 아니라 '예속으로 자유가 힘겨워지는' 경우를 초래할 수도 있다. 이렇게 말하고 보니 결국엔 이도 저도 아닌 말처럼 들릴 수도 있을텐데... 이런 것이다. 쉬운 예로, 살이 너무 찐 경우 건강과 외모에 대해 자유롭고 싶다면 얼른 살을 뺄 수 있게 예속을 부여하면 된다. 그런데 저녁만 굶자. 라고 예속을 헐렁하게 했을 경우, 오히려 '다이어트로부터의 해방'의 자유는 천천히 올지 모르니 조금 더 '예속의 강도'를 높여야 할 것이고 '15일간 단식'이라는 강도높은 예속을 했을 때는 오히려 더 커다란 '건강'으로부터의 자유를 잃을지도 모른다는 의미다.

또한, 자발적 예속이라도 타인에게 예속을 허한 경우, 그 예속의 기간과 강도 역시 마찬가지다. 상대 또는 조직에게 내가 허한 상태까지만 예속을 허락해야 한다. 자신이 진정 이루고자 하는 꿈을 위해 스스로 사람이나 직장에 5년, 10년이라는 기간, 예속되기로 했다면 철저하게 배운 후 예속에서 벗어나야 한다. 하지만 관성처럼 익숙해진 습관에서 벗어나지 못해 평생 질질 끌려다니며 꿈이 허상이 되어가는 데에도 한숨만 쉬는 이들이 많다. 반대로 너무 예속이 강해 충분히 배워야 할 5년, 10년이란 기간을 채우지 못하고 스스로 포기하기도 한다. 이 경우, 제대로 배우고 자라지 못해 '예속'의 시간이 그 가치를 증명받지도, 자유를 얻지도 못한다.

둘째, 비자발적 예속의 경우, 이에 대해서는 할 말이 없다. 비자발적 예속이 관성이 되어버렸다면 노예를 스스로 자처한 것이니 그리 살든 뛰쳐나오든 선택해야 한다. 그리고 만약, 뛰쳐 나온다면 무조건 뛰어야 한다. 과거 밤에 도망친 흑인노예들이 북극성만 보며 그냥 달렸듯이 빛을 향해 달려야 한다. 걸으면 안된다. 관성에 잡히는 것은 의지가 약해서가 아니라 인간의 본능이다. 본능을 이겨내야 할 힘이어야 하니 되도록 빨리 멀리까지 가야 한다. 그래야 '너무 멀리 와버려서, 또는 아까워서 되돌아갈 수 없는', 그렇게 오도가도 못하고 서성이더라도 발을 디딘 그 곳에서 자신의 삶을 다시 일으켜 세울 기회를 잡게 되는 것이다.

주체적이고 자발적이며 자주적인 나로써의 자유. 예속을 전제한 내 안의 자유(自有)을 통해 우리는 비로소 자유(自由)로운 삶을 영위할 수 있음에 대해 김우창 교수는 '자유로운 삶이란. 원인과 결과, 동기와 행위, 그리고 의무와 수행이 강제적 연쇄관계가 아니라 내부로부터의 영향과 선택의 바탕 위에서 이루어지는 삶[3]'으로 정의한 것도 같은 맥락으로 해석할 수 있을 것이다.

나는 자유(自有)를 위해 나를 예속할 자유가 있다.
이를 통해,
나는 나의 자유(自有)로 말미암아 자유(自由)롭다.

나는 진정 자유롭고 싶다. 내 안의 것으로 세상에 당당히 서서 나를 예속시킬 자유 또한 나의 자유로 허하고 진정 자유로운 삶이 무엇인지, 어떤 느낌인지, 무엇을 누리게 될 지 내게 선물하고 싶다. 여기서 '누리다'는 의미가 참으로 고귀하다. 자유를 누리기 위해 그간 누리던 것에서 자발적 예속을 결단하고 그 과정에서 해내야 할, 해낼 수 있는 선을 넘어설 때 비로소 나에게 오는 수많은 '누림의 시간.' 진정 자유의 시간이 오는 것이다!

자유는 자유롭지 않은 것으로부터 비롯된다!

---
3 깊은 마음의 생태학, 김우창, 김영사

나의 자유(自有)를 위해,
나의 자유(自由)를 위해
오늘도 나는 나를 예속시킨다.

'소통'에 대하여

소리의 진통에서 소리의 통로로

여기서도 저기서도 자기의견, 자기주장, 자기호소, 자기부탁.
자기를 관철시키려 '내 이야기 좀 들어 주소'
좀... 시끄럽다... 어지럽고... 요란하고...

남을 설득하는 비법도 등장했고 남과 협상에 능한 방법과 노하우는 조목조목 다양하다. 남의 노하우와 방법과 비결은 결코 내 것이 되지 못하는데도 이래저래 그걸 배우려 안달이다.

'내 현실'을 '남'에게 공감받기 위해
'내 주장'으로 '남'의 의견을 덮기 위해
'내 조언'으로 '남'의 정신을 휘젓기 위해
심지어
'내 명령'으로 '남'을 조종하기 위해
소리가 너무 크다...

핑퐁게임같다. 여기서 이야기를 던지면 저기서는 들어야 하는데 자기해석으로 받아치기만 하고, 그러면 그런가보다 하면 되는데 또 결과를 따지려 소리를 다시 던지고, 이번에는 들어가나 싶지만 저 뒤에서 또 다른 소리가 들리고...

사람들의 소리는,
하나의 언어에 천만가지 해석을 담아
이리 튀고 저리 내쳐지고
수학보다 복잡하고 물리보다 난해하다.

소통은 소리의 진통이다.

먼지같은 내가 내 소리로 살기에 세상은 너무 넓고 무섭고 냉정하고 시끄럽고 복잡하다. 너무 많은 소리속에서 내 소리 찾기도 어렵고 남의 소리를 거부하기도 불안하고 잡음 걷어내고 세상의 소리만 듣기에 나는 지나치게 강제된 것들로 채워져 버렸다.

결국, 나는.
나를 빼버리기로 했다.
더운 음식에서 더운 김이 빠져나가듯
거죽만 남기고 몽땅 다.

내 정신, 내 마음, 내 감정 모조리 다 거둬내고 빈 거죽에 세상을 담아 세상의 소리를 전하는 하나의 통이어야겠다. 그래도 혹여, 세상이 자기로 꽉 채우려는 내게 어느 한구석을 허락한다면 농도와 탁도, 순도가 그럴싸한 내 소리,

조금 쟁여놔야겠다. 내 소리가 소음일지 세상에 어울리는 소리일지 궁금해서, 그러다 어울리는 소리라면 선심쓰듯 생색내며 내놓고 싶어서.

세상은 자기가 정한 원리에 따라 공짜는 없다며 내 자격을 운운할 것이다. '네가 세상의 소리를 채울만한 그릇인가?' 하겠지. 이에 내 거죽이 그만한 값어치가 있다는 타당한 근거 정도는 내놔야겠는데, 나름 보기에 멋진 거죽을 소유하고 나름 똑똑하고 나름 따뜻한 마음을 소유했으니 세상이 손해보는 거래같지는 않다. 한편으론 내가 밑지는 거래인 것도 같지만 이 오만방자는 지금껏 지켜온 내 신념의 배짱일지도 모르겠다. 단, 그 전에 여지껏 어리석고 무지하고 못난 심보로 살아온 면죄부부터 청한 후 내가 자격미달은 아니라고 앙큼하게 시치미를 떼야겠다.

어떤 틈새에도 내 것을 남겨두지 않으려는 발버둥은 내 것이 못나서가 아니라 세상이 나를 무지 안전하고 소중한 존재로 여겨, 그리고 다들 자기소리 채우느라 세상소리 담을 공간 부족하여 내 모든 빈 곳까지 필요해서라고 말하련다. 자연은 보이지 않는 알갱이들로 일을 처리한다[1]고 하니 나는 내 알갱이 걷어낸 거죽에 자연이 처리해야 할 알갱이들을 잘 배열하여 담아놓을 수 있는 무균의 곳간으로 적절하다고 주장하련다.

머리좋고 바지런해 결코 작은 알갱이에도 손실끼치지 않을 것이며 깐깐하게 정리정돈에 능한터라 소중하고 중요한 것 잃을 염려 없을테고 빼곡히 해야 할 리스트들 정확하게 작성하여 오늘 할 일 내일로 미루지 않는 습관덕에 세상이 내보내야 할 소리 뒤바꾸고 뒤섞이는 일 또한 없을 테고

---

[1] 사물의 본성에 관하여, 루크레티우스, 아카넷

아직은 큰병, 잔병없이 건강한 신체 또한 갖췄으니 내 거죽이야말로 곳간역
할로는 제격이라 우기련다.

**나의 소통은,
소리의 통로여야겠다.**

세상이 인간에게 전하고자 하는 소리 담아 적절한 때에 내지르는. 기꺼이 세
상과 사람을, 세상과 세상을 연결해주는 통로로 나는 세상과 협상하겠다. 이
정도는 되니 내 거죽에 담고자 하는 것을 담으라고.
나는 나를 비우고 내놔야겠다.

그럼에도 불구하고 나의 걱정이 없는 것은 아니다.
내가 자기보존이 탁월한 영웅이 되고자 하는 무모한 심보인가?
정녕 머무름은 어디에도 없다[2]는데
내가 머무르고 싶으면서도 해방을 원하는 탐욕스런 심보인가?
내게 원하는 것 다 버리고 내가 원하는 것들로
다시 나를 배양하고 싶은, 배척으로 순수를 얻고자 하는 못된 심보인가?
바라는 것의 잃어버린 의미를
본질로서 되찾지 않고 향기만 취하려는 이기적인 심보인가?
나 스스로도 어쩌지 못하는 나를
지복(至福)한 세상이 잘 만져주길 바라는 비겁한 심보인가?
갑자기 근사한 여인네 하나
이리 발광하니 놀라서라도 나 좀 봐달라는 애처러운 심보인가?

---

2 릴케의 제 1 비가 중에서 (두이노의 비가, 부북스)

늘 그렇듯 이번에도 어김없이 걱정은 의심으로 진화된다.

내 여태 남들보다 뛰어난 미모와 명석한 두뇌와 건강한 신체와 배우려는 근성을 소유한 것은 세상이 부여할 역할에 적합하게 나를 만들어온 치밀한 세상의 조작이었나?
내 여태 공허하고 헛헛함에 이리도 긴 시간 무언가를 얻고자 애닳은 것은 지금 여기 이 시점에 내게 보낸 신호를 민감하게 감지할 인간으로 날 점찍은 세상의 작당이었나?
내 여태 몇 차례 부러운 위치까지 가보았으나 남들로부터 받는 선망의 눈빛보다 내 안의 무용(無用)함에 더 간절히 들끓었던 것은 더 크게 나를 이끌어 어딘가에 쓰려 작정한 세상의 계산이었나?

나 좀 잘나고 멋지고 아름다운 인간인데 딱 여기까지 날 끌어 올리고선 다 내놓으라 윽박지르는 세상 앞에 헛웃음밖에 나지 않는 이유는 이미 세상이 준 신호에 나도 응하여, 체하고 중독되었기 때문일게다.

그러지 않고서는 나는 억울함에 심장이 멈춰야 마땅하다.
그걸 감지하지 못했다면 배신감에 치를 떨어야 마땅하다.
누구든 걸리기만 하면 욕한바가지 퍼부어야 마땅하다.

말하자면, 지금 여기 이 장난이 왠지 순리에 따라가는, 오히려 다행이라 여겨지는 게 이상하단 말이다. 그래서 나는 이리 되어 간다는 말이다. 그다지 애쓰지 않았는데 거죽만 남고 모조리 비워졌다. 그러니 이제 속에 채울 것들에 있어서도 애쓸 필요는 없겠다. 그대로 비워둬선 안 된다 판단한, 드디어

공간이 생겼다 환호할 주체가 알아서 채울테니 말이다.

이로써 난, 나와 세상, 알갱이와 거죽, 안과 밖, 비움과 채움.
중용의 실천가로서 살고 있는 나는 영광스러운 호기(好機)를 맞은 셈이다.

세상에 맞짱뜨라고 말한 적이, 글쓴 적이 있다. 쓸데없는 소리였다. 멋모르고 한 소리였다. 나는 세상과 안밖으로 교합한 것을. 세상은 나의 거죽을, 나는 세상의 소리를… 그렇게 나와 세상의 일체(一體)는 우리라는 일체(一切)가 되어 간다는 진리를 모르고 한 소리였다.

'사람은 한 세계이고 또한 자기를 섬기는 또 한 세계를 갖고 있다 [3].'는 시인의 찬미가 어쩌면 이리 세상에 내가 들어간 것을, 세상이 내게로 들어온 것을 노래한 것은 아닐까…

그렇다면 나는 얼마나 선택받은 행운아인가?
세상에게 맞짱뜰 것도
내놓으라 소리낼 것도
가져가라 드러낼 것도
들어달라 다그칠 것도 아무 것도 없으니.
내가 세상이고 세상이 나이니 말이다.

세상이 쓸모있게 만들어 제대로 충분히 유리하게 가져다 써도 되는,
나는 그리 세상담고 세상 속을 걷기만 하면 되겠다.

---

3 조지 허버트의 단시 중에서

'문제해결'에 대하여

신에게 맞짱뜨기

삶은 문제의 연속이라는데,
난 그런 삶은 원하지 않잖아!

그런데
왜 삶엔 계속 문제가 생기지?
도대체 내가 문제를 만들었나?
아니다.

그렇다면, 네가?
그것도 아니다.

나도 너도 아닌데 왜 삶은 문제의 연속일까?
모든 인간이 문제없는 인생을 원하는데
나 역시 내 삶에 문제를 만들려는 의도가 0.1도 없는데
왜 삶이 문제의 연속이냐고?

필히 누군가가 있다.
내게 문제를 던지는 그 '누군가'를
나는 '신'이라 부르겠다!

신이
뭔가 의도를 가지고 날 골탕먹이고 있으니
난 신에게 맞짱떠서
내게 올 문제를 원천봉쇄시키련다!

나에게 낼 숙제로
늘 바쁜 신에게
더 어려운 숙제없나? 소리쳐 보련다.

나는 문제에 함몰되지도 않는다.
문제에 내 정신이 잡히는 순간, 문제는 더 몸집을 키운다.

내 능력으로 해결하려는 순간 내 바닥만 드러날 뿐이다.
문제는 그 자체가 지닌 '해결'의 힘을 스스로 이용하고 있음을
일단 믿고!
와라! 올테면 와라!

신이 내준 문제!
끝까지 풀어내고야 말 것이니 신과 경쟁하는 오만을 가져 보련다.

가만...
그런데
왜 신이 내게 문제를 던지는 것이지?
혹시 내가 눈치채지 못한 것이 있나?
내가 뭔가를 놓친 것이 있나?

문제는 언제 받는 것이지?
문제는 공부가 끝나고 테스트할 때 받는 것인데
평소 공부가 부족하면 문제를 풀지 못하잖아.

혹시...
신은
내가 해야 할 숙제를 던졌을 뿐인데
내가 작아서 '숙제'가 '문제'로 여겨진 것은 아닐까?

아!! 바보!!!
그걸 이제서야 알다니!!!
문제가 문제인 이유는 내가 문제보다 작기 때문인데...
닥친 문제를 풀어내기 위해 평소에 해내야 할 숙제를 게을리했기 때문인데...

숙제를 매일매일 나에게 내주기 위해선
내가 서 있는 자리와
내가 어느 자리로 언제까지 갈 수 있을지 가늠해야만
나에게 제대로 된 숙제들을 내주실텐데

나보다 더 나를 잘 아는 신에게
나보다 더 나를 탐구하는 신에게
나보다 더 나를 크게 여기는 신에게
나보다 더 나를 키우기 위해 고생하는 신에게

나는 도대체 여태 뭘 한건지
일단, 사과와 감사부터 해야 그게 도리가 아닌가?
그리고 **감사에 대한 나의 보답은 제대로 숙제를 해내는 것뿐.**
모르면 깨져가며 아는 건 생색내며 그리 하면 되지 않을까?

숙제를 낸 이는 답을 안다.
이 숙제를 풀고 나면 내가 무엇을 알게 되는지.
누가 출제했는지에 따라 문제의 격과 질은 분명 다르다.
허접한 이가 출제한 숙제라면 풀어낼 필요조차 없지만
제대로 날 키우려는 이가 출제한 숙제라면 이건 빼박이다.

무조건 풀어내야 한다!
무엇을 위해?
나와 내 삶을 위해서지!

조금씩 숙제에 초점을 맞춰가면
문제보다 내가 더 커져
문제가 더 이상 문제가 아니게 될 것이 분명하다.

어떤 위기를 느낄 때가 종종 있긴 하다. 하지만 위기를 어떻게 모면할까를 고민하기보다 '고민하고 걱정해봤자 어쩔 수 없다. 숙제나 하자!'며 '문제'가 아닌 '나'에게 더 몰두해 온 덕에 위기는 자기가 있을 곳이 아님을 알고 사라졌던 경험도 하게 되었다.

문제는 일시성, 일차원성, 유한성
숙제는 연속성, 다차원성, 무한성.
숙제를 지속하는 것이 앞으로 올 문제를 해결하는 것에 분명 효율적이다.

이쯤 알게 되니 점점 그의 의도에 고개가 숙여지고...
이내 나를 얼마나 크게 쓰려 하시는지
숙제는 점점 부담스러울 정도로 어려워지지만.

감사하게도 내가 숙제에 집중할 수 있게끔
내 신경을 가져다 쓰려는 방해물들을 알아서 거둬주시는 배려!!!
애들도 알아서 잘 크고
나도 별탈없이 건강하고
내 인생에 우려로 남을 이들은 알아서 떠나가고
곁을 내주고 싶은 이들이 감사히 다가오고
앞으로 넘어져도 코는 무사한...

그래서 확신을 가져 보련다.
내가 시간을 보내야 할 유일한 짓은
오로지 내 정신이 '내가 가야 할 방향'에 서 있게 해주는 숙제!
그것뿐.

제대로 배우고
제대로 된 나의 자리에서
세상에 잘 쓰이는 나로 나를 연마시키는
숙제!
그것뿐.

예고없이 나를 간파하는 날카로운 숙제를 만드느라
나보다 더 나를 위해 고생하는 신에게
백만번 절을 올려도 모자라다는 걸
시간이 지나면서 나는 점점 더 깊이 감사하다.

이제 내가 할 일은
숙제를 풀고 다음 숙제를 기다리는 것.

기다리다 심심하면 청소나 빨래로 소일거리하고
그래도 심심하면 팬시리 서랍장뒤져 다시 정리하고
혹여 때가 됐는데 숙제가 늦어지는 날은 신이 게으르거나 나를 과소평가했
거나 내게 잠깐의 여유를 주는 것이니 그저 기다리면 그만이다.

느닷없는 숙제에
내 숙제가 아니라고 따질 재간도 없고

어렵니 마니 칭얼댈 애교도 없고
지금이 때가 아니라고 미룰 용기도 없고

그냥 그렇게 숙제를 받으면 언제 어디서든 풀 수 있는 자세로
내 정신과 신체가 궤도에서 이탈되지 않게끔 자리를 지키면 그만이다.
너무 정확한 때에 정확한 내용으로 정확한 강도의 숙제를 주실 것을 이제는
믿기에 그냥 감사히 받아들고 숙제에만 전념하면 그만이다.

아! 이 얼마나 단순한 삶인가!
신은 숙제만 덜렁 던져놓고
그 다음 숙제를 만드느라 너무나 바빠서인지
내가 풀어낼 것이라는 믿음이 강해서인지
내가 간파하든 못하든 너무 관대해서인지
아무튼 나에겐 무조건 유리하게 판이 돌아간다.

일단,
숙제제출 기간을 정하지 않는다.
내가 알아서 하든 말든, 잘하든 못하든 나에게 맡긴다.
함정은. 지금 숙제를 끝내야 다음 숙제를 받을 수 있다는 것.

그리고,
숙제 풀이에 꼭 필요한 모든 것을 함께 던져 주신다.
잊어버렸는지 너무 바빠 챙기지 못하셨는지
아무튼 숙제와 숙제를 풀어낼 팁까지 함께 던지신다.

사람과 자연과 책.

함정은 모든 것을 다 던져주니 못 풀면 무조건 내 탓이라는.
좀 난해하게 꼬아 놓았지만 모든 숙제는 모두 풀어낼 수 있다는 의미.

게다가
신은 너무나 치밀하고 정확하고 냉정하고 또 가혹하다.
자신이 내준 숙제를 풀어내면 내 삶의 엉킨 곳이 풀어질 것을 어찌 이리 정확하게 예측하셨을까?
'다음 숙제'는 그 '다음 문제'를 풀기 위한 숙제로.
또 그 다음은 그 다음으로.

치밀한 계산으로 딱 내가 할 수 있는 만큼만 숙제를 던지고
그 문제 다음엔 또 치밀한 계산으로 업그레이드된 숙제를.
더 놀라운 계산은 숙제를 어느 단계까지만 잘 해내면
삶의 문제가 저절로 풀어지는 자동시스템까지 고려했던 것이다.

아! 놀랍다.
그런데 무지무지 냉정하게도, 지금 숙제를 제대로 풀어내지 못하면 다음 숙제는 뻔하다. 과거에 풀었던 숙제를 다시 던져 주신다. 한 번도 그냥 진도가 나가는 법이 없다. 꼭 지금 숙제를 제대로 풀어내야 업그레이드된, 다음 단계의 숙제를 알려주신다. 가끔 다음 숙제가 오지 않아 기다릴 땐 내심 걱정스러울 때도 있다. 내가 숙제를 잘못했나? 모자란가? 엉뚱한가? 너무 미루나? 여하튼 숙제에 내가 미지근한 태도를 보이면 어김없이 가혹한 경고를 주신다.

자신이 바쁘시니 세상 어떤 곳, 어느 시점에 누군가, 무언가로부터 내게 문제를 개입시키는 것이다.
아! 경고였구나.

이보다 더 가혹한 것은
내 숙제가 쌓이고 쌓여 다 풀어내지 못하면 **내가 가장 사랑하는 누군가에게로 내가 못 푼 숙제를 양도 내지 상속시킨다는 것이다.** 무서울 정도로 정확하고 가혹해서 나는 혹여나 내 몸보다 귀한 자식에게 상속될까 두렵기도 하다.

다행히 나는 신과 오랜 기간 호흡을 맞춰왔기에
그가 내준 숙제, 내가 해내야 할 타이밍, 그리고 때때로
날 정신차리게 만드는 '문제'라는 경고까지
이제는 잘 알아채고 있다.

여하튼 척척 맞는 호흡으로 그가 내준 숙제로 인해 나는 나를 더 키우게 되고 당연히 커진 만큼 삶의 문제도 더 커지겠지만 나는 **신에게 맞짱뜨며** 문제보다 내가 더 커지기 위해 매일매일의 숙제를 그나마 해낸다. 무식한데다 버릇까지 없이 감히 맞짱뜨는 나를 오히려 이쁘게 받아 주시니 이 또한 얼마나 감사한가?

경쟁이란 게 나와 비슷한 누군가를, 무언가를 향해봤자 딱 그만큼, 일시적인 한도 안에서만 쾌락을 느낄 뿐인데 **신과 맞짱뜨며 문제보다 내가 더 커지려는 경쟁**은 이 세상에 경쟁할 대상이 모두 없어지는, 단지 어제의 나와만 경쟁하는, 오묘한 신비로 나의 삶에 흡수되었다.

신이 내게 지속적으로 숙제를 내주는 의도를 너무 늦게 알아버렸다.
아니, 이제라도 알아냈다!

내 인생을 살겠다는데 왜 남의 인생과 경쟁한단 말인가?
도대체 경쟁할 대상이 누구인가?
과연 있기나 한 것인가?

문제도
경쟁도 없이
오로지 매일의 숙제만 주어진 지금,

신이 내게만 유일하게 내준 숙제를 받아들고
오늘도 난 쩔쩔매며 허덕이지만
다음 숙제가 무엇인지에 몹시 설레면서
나를 세상에 내놓을 때부터 지금까지
지속적으로 숙제의 난이도를 높이시며
나를 키워내시는 그 분을
나는 순종하며 따르련다.

'변화와 습관'에 대하여

내 골통에 설사제를!

수년간의 새벽독서와 매일 글쓰기.
고독했고 치열했고 지독했다.
하지만 선물같이 황홀했던 하루하루들...
내 육신을 위해 간절했던 정신활동...

그런데 이제보니!
내가 바라던 건 대단한 것도, 큰 것도 아니었다.

내가 아닌 것들을 내게서 걷어내고
나도 몰랐던, 없어서 찾지 못했던
나.의.것들로 나를 채워가는...
그렇게 내 인생을 만들어 가는...
그렇게 내 삶에 나를 채색하는...
오로지 나만이 할 수 있는 나만의 것을 찾아 내 삶을 걷다가
내 것이 누군가에게 득이 되도록 다 주고 기쁘게 눈감는 것.

삶이 이리 단순할진데
왜 내 정신은 혼란으로 채워져 있었는지…

어느 날 새벽, 나는 물었다.
지금 이대로 괜찮을까?

잠깐 나를 세워두는 자기의심.
의심의 눈초리로 나를 들여다보는 자기부정.
나의 못난 모습을 직시하는 자기인식.
지금의 내가 버려야 할 것을 찾는 자기검열.
이를 통해 깨부수어야 할 자기파괴.
파괴된 것을 없애 버리는 자기살해.
치열했던 그 시간을 이겨낸 자기극복.
비어진 공간을 새롭게 채우자 다짐하는 자기배양.
비우고 채워낸 지난한 과정의 자기정복.
모든 과정에서 이탈없이 나를 이끌 자기암시.

그리고,
드디어 허물벗고 깨끗해진 자기정화.
정화끝에 차오르는 자기충만.
충만의 잉여로부터 발견된 자기정체.
그 속에서 그제서야 탄생하는 자기의지.

'변화'란 이러한 과정의 연속안에서 나를 생성, 소멸시키는 **'자기성찰의 실**

체화'이며 자기정화의 지속을 위한 **'의식적 각성의 습관화'**다. 나 하나 다듬고 키우는 과정이 대단한 일은 아니겠지만 지독하게 어려운 과정인 것만은 확실하다. 고통스러워 숨고 싶기도, 멈추고 싶기도 했다. 하지만 '내 고통이 가치없어지는 것이 가장 큰 두려움[1]'이었다.

고통은 이유가 있어서 내게 온 것임을 알기에,
고통이 내 인생에서 할 일을 해줘야 쾌락으로 갈 수 있음도 알기에
그렇게 매일 매일 이 과정속에서 나를 키워왔던 것이다.

우리는 너무 쉽게 '변하고 싶다.', '습관을 바꾸고 싶다.'고 말하지만 **사실 대다수가 변하지 못하여 바뀌지 않는다. 습관은 새로운 습관에 의해서만 바꿀 수 있다.** 바꾸고 싶은 습관이 있다면 기존의 습관을 버리는 것에 초점을 맞추기보다는 새롭게 투입시키고 싶은 행위에 초점을 맞춰 반복해야 한다. 그러면 기존의 버리고 싶던 그 녀석은 이내 밀려나 소멸된다. 관심두는 쪽이 무조건 커진다. 이 과정이 자기의심부터 자기의지까지, 즉, 습관을 만드는 변화다.

참 열심히 치열하게 살았는데 이제 알았다.
고래고래 소리쳐 봤자 자기 하나 못 바꾸는 미련한 나일지라도
일단 내게 묻혀진 내지 묻힌 때부터 벗어버리면 오롯한 내가 드러날 것이고 그렇게 산다면 위대한 존재가 설계해 놓은 가치있는 어떤 인생에 제대로 적합한 내가 되어 그 인생의 주인으로 내가 선택되겠지. 그렇게 감사한 맘으로 날 선택해준, 내 인생에 미안하지는 않도록 나를 연마해가면 되겠지.

---

[1] 죽음의 수용소에서, 빅터프랭클, 청아

그러기 위해!

제일 먼저 해야 할 일은!

나를 세워두는 자기의심부터!!!

그리고

몽테뉴가 시킨대로!

내 골통에 설사제를!

'그대의 골통을 훑어낼 설사제를 쓰라.

그대의 배 속을 훑는 데에 쓰는 것보다는 나을 것이다[2]!'

내 판단 내려놓고

일은 일이 가게끔 좀 놓아주자...

---

2 나는 무엇을 아는가, 몽테뉴, 동서문화사

'평범'에 대하여

전구~~~~~~욱! 노래자랑!

새롭게 출간할 책에 대한 나름의 구상이 필요해 오늘은 노트북과 책, 다 집에 두고 그냥 빈몸에 삶은 고구마 2쪽, 물통하나 달랑 매고 마구마구 돌아다니기로 했지만 막상 갈 데도 없고 가고 싶은 곳도 없고 어딜 가야 할 지도 몰라 그냥 3호선타고 조금 움직여 안국역.

비실비실 배삼룡, 땅따리 이기동,
왔다리갔다리 남철남성남,
시골영감 처음타는 기차놀이에~ 살살이 서영춘,
못생겨서 죄송합니다, 콩나물 팍팍 무쳤냐 이주일,
영구없다! 심형래,
맹구, 오서방, 수다맨....
연식이 좀 된 나는 이런 코미디언들의 화려함을 안다.
그런데 그 가운데 유행어 하나 없이 늘 조연이었던 이가 있었으니
바로 송해[1]였다.

---

[1] 송해(宋海, 1927-2022) : 가수, 희극배우, 방송인. 음악경연 프로그램인 [전국노래자랑]을 34년간 진행하였다.

무작정 걷는 길이름은 세종로, 세종을 위대한 업적을 본받으라고 지어진 이름이란다. 퇴계로는 이황의 호에서, 충무로는 이순신, 을지로는 을지문덕 장군의 이름에서 유래했다. 물론 소소한 길들은 유명한 예술인이나 연예인의 이름으로 지어지기도 하지만 여하튼 길의 작명에는 나라를 구했다거나 그 시대를 대표할 정도의 '급'이 다른 업적을 가진, 위대하고 탁월한 정신이 후손에게 전해지길 바라는, 역사에 길이 남길만한, 또는 남겨져야만 하는, 그 길을 지나는 우리네 걸음걸음에 위대한 인물의 정신이 영혼으로라도 전해지길 바라는 그런 이의 이름이 차용된다.

그런데 여기 경복궁과 마주하는 종로에!!!
송해길이 있는 것이었다!
그의 동상도 있었다!

시대적으로 딴따라라고 손가락질받던 코미디언으로 유행어 하나 없이 그저 조연에 불과했던 그는 동료들이 은퇴나 다른 이유로 코미디언의 자리를 떠났을 때, 사회자의 길로 조용히 자리를 옮겼다. 그가 택한 삶은 유명한 이들을 위한 화려한 무대도 아니었고, 서울 시내 고정된 공연장도 아니었고, 자신이 주연으로 드러나는 무대는 더더욱 아니었다. 그는 인간군상 속으로 들어가 그들의 애환에 함께 울고 웃으며 마이크를 잡고, 한사람 한사람을 주연으로 부각시키며 또 다시 조연으로 매주 그 자리에 섰다.

묵묵히
꾸준히
그렇게 34년...

그가 자리했던 **조연으로서의 평범함은**
이 시대 그 누구보다 그를 비범하게 만들었다.

인생이란. 나를 나 자체로 인정하며, 지금 내가 발딛고 선 바로 이 자리가 나에게 가장 적합한 자리임을 깨달으며, 지금 이 공간과 시간에 딱 맞는 의복을 채비한 채 지금 나에게 주어진 삶에 감사하며 묵묵히 나의 길을 걸어가는, 지나치게 평범한 삶이 비범함으로 잉태되는 것이라고 그는, 그의 길은 내게 알려줬다. **살면서 덧입혀진 모든 포장 다 거두고 나라는 사람 자체가 가장 비범하다**는 진리가 송해길을 걷는 한걸음한걸음마다 마음에 깊이 새겨졌다.

나도 비범한 사람일 수 있겠다…
나도 내 삶을 살아내면 비범한 것이구나…

그저 지하철 몇 코스타고 '일탈'이라 거창하게 이름붙인 평범한 몇 걸음에 비범한 섬광이 내 안으로 들어오는 야릇하고도 희한한 신호에 부응하듯 나는 나에게 명령해 버린다.

매 순간 너무 애쓰지 말고 지금처럼 그렇게 살아.
남의 색 쫓지 말고 네 색깔대로 그렇게 살아.
비범을 쫓지 말고 평범을 위해 그렇게 살아.
네가 걷는 그 길은 옳고 값진 길이니 그렇게 살아.
멀리 손짓하는 너를 따라 내면의 깊은 소리 따라 그렇게 살아.
그렇게 더 네 안의 것을 믿고 사랑하며 그렇게 살아.

나답게,
나의 색대로,
진짜 내가 추구하는
지극히 평범한 삶...

이쯤하니, 비범만큼 평범도 어렵겠구나...
그리 길지 않은 송해길의 걸음걸음에 나는 다짐이라는 걸 오랜만에 해냈다.
오늘, 일탈하기 참 잘했다.

너무 잘생겨서
너무 잘웃겨서
너무 화려해서
너무 독특해서와는 거리가 먼
그저 평범한 동네 할아버지같던 송해는 자식, 손주들과 함께 울고 웃으면서 수십년을 한결같이 그 자리를 지켜내며 그 어떤 주연급 코미디언도 이루지 못한, 나라를 구한 업적을 이룬 위인들과 나란히 종로 한복판에 그의 이름을 새겼다. **평범하기 그지 없던 소시민의 꾸준함은 비범함으로 그렇게 영원히 길 위에 정신으로 남았다.**

아! 그러고 보니 유행어 하나 없다는 말은 취소!
남녀노소, 시대를 막론하고 모두가 아는 그만의 유행어가 있다!

'전구~~~욱! 노래자랑!!!'
빠빠빠빠빠빠~~빠~~~~~~~~~~~~~~~~

'공존'에 대하여

널 가여워하지 않겠다!

낮술 한잔 거하게 걸치고 터덜터덜 집으로 가는 길.
딱! 마주친 두 눈.

차 밑에서 괜찮은거냐?
추위에 동그래졌구나...

이 걸음 멈추지도 가지도 못하고
어찌할 바 모르겠지만
모자에 패딩까지 두텁게 감싸고도 네게 줄 게 없어
어찌할 바 모르겠지만
차없는 나는 따뜻한 공간 만들어주지 못해
어찌할 바 모르겠지만

어찌하겠니.
너의 삶이 그러한 것을.
그럼에도 불구하고

어쩔 수 없다. 체념하는 나를 이해해주길 바란다면
오히려 가진 놈 티내는 것인가?
그럼에도 불구하고
가여운 눈으로 널 보는 자체만으로
오히려 건방진 놈 티내는 것인가?
그럼에도 불구하고
내 무거운 맘 살짝 비치는 것조차
오히려 비겁한 놈 티내는 것인가?

내 잠시 네게 준 눈길과 마음 서둘러 거두는 것은
너를 가여이 보지 않아야 하고
누군가로부터 남은 온기 고스란히 받고 있는 네가 기특해서일테다.

나는 누군가로부터 받고 있는 온기에 감사할 줄 아는지
나는 누군가로부터 받아야 할 온기를 외면하는 건 아닌지
나는 누군가에게로 주어야 할 온기를 주지 못하는 건 아닌지
나는 누군가에게로 주고 있는 온기에 생색내는 것은 아닌지
아마 그럴지도 모른다는 치기어린 자책때문일테다.

작은 너는 작은 삶으로,
큰 나는 큰 삶으로.
그만큼 짊어져야 할 무게가 다르니
각자의 삶에서 '그렇게 사는 거지'
우리 퉁치자.

네발달린 너는 네발달린 삶으로
두발달린 나는 두발달린 삶으로
서로 비교없이 각자의 삶을 사는 것이 당연하다고
우리 인정하자.

너는 내 도움 필요치 않고
나도 네 도움 필요치 않게
각자의 삶에서 자신을 지켜내는 것이 서로를 위한 것이라
우리 칭찬하자.

저어기 멀리 시베리아에 사는 네발달린 것들의 추위는
지금 너희의 그것보다 훨씬 매섭다는 비교조차 하지 말자.

아래로 비교하며 위안받는 것은
위로 비교하며 동경하는 것과 별반 다르지 않으며
아래로 비교하며 우쭐하는 것은
위로 비교하며 움찔하는 것만큼 비열한 것이며
아래를 비교하여 손 내미는 것은
위를 쳐다보며 손 디미는 것과 매한가지이니

우리 또한 누구로부터는 위아래일 수밖에 없는 삶.
위아래 보지 말고
그저 각자 자기 삶부터 잘 챙기자.

내 떨고 있는 네게 도움줄 게 없는 것은

지금 네가 치르는 대가를 방해해서는 안되기 때문이며

어쩔 수 없는 무력함으로 죽음 앞에 팽개쳐진,

개리와 새나[1], 생명 둘에게 먼저 순서를 내준 터라

너는 네 위치에서 힘에 부친 동료를 품으라

나는 내 위치에서 그러한 이들을 품을테니

위아래 쳐다보며 정신놓고 한탄하는 힘을
내 삶을 온전히 만들고 손길내어 줄 있는 자신이 되는 쪽으로 보태자.

지금 떨고 있는 널 돕지 못한 죄로 내 다음 생애에

혹 네발로 태어날 확률이 높아진다면

우리집 개리, 새나처럼

화단 한 켠에서 죽어가는 녀석 데려다 키우는 나 같은 주인 눈에 띄길,

따뜻한 자리 배 깔고 드러눕게, 추위와 먹거리 걱정없게 해주는

나 같은 인간, 하녀로 부리는

기찬 삶이 오길

이런 바람이 욕심은 커녕 인정할 수밖에 없는 타당인 것은,

내 크기만큼 내가 해내야 할 총량을 지키겠다는 야무진 책임일수도,

태생적으로 나보다 큰 이들이, 나는 못해도 그들은 할 수 있는, 그들의 몫을

제발 챙기라는 야무진 명령일수도,

태생적으로 나보다 작은 이들 역시 그들의 몫만큼은 해내길 바라는 야무진

---

[1] 눈도 못뜬 채 화단에 버려진 아가고양이 개리와 딸의 학교도예실에 버려진 아가고양이 새나

당부일수도,
힘있는, 힘남은 모든 이가 태생적으로 어쩔 수 없이 힘없는 이의 몫까지 챙기길 바라는 야무진 용기일수도,
이 모든 개체들이 각자의 몫을 알고 그 몫만큼 살아내는 것이
공존의 가장 근원이라는 삶의 이치때문일 수도 있겠다.

나는 두발동물로, 너는 네발동물로,
주어진 본능대로 사는 것이 서로를 위하는 것임을.

너는 온기남은 차 밑에서
나는 온기품은 집 안에서
그리 사는 것이 '조화'를 위한 각자의 삶인 것을
우리 인정하자.

그러니 우리, 누가 누구를 하등하다 가엽다 할 것 없이
잘 살고 있구나 믿어주기로.
그러니 우리, 자신에게 주어진 삶의 무게에
위아래 보지 않고 책임지는 삶을 살아내기로.
그러니 우리, 서로를 쳐다보며 자기 몫 잘 해내고 있다 당당하기로.
이로써 우리, 각자의 삶을 잘 살아주는 서로에게 감사하기로
그리 약조하자.

너는 따뜻한 온기남은 차 밑에서도 비굴함 느끼지 않아도 된다.
너는 먹다 버린 음식 뒤져 배채워도 굴욕감 느끼지 않아도 된다.

너는 네 영역 침입자들과 치열히 혈투해도 죄책감 느끼지 않아도 된다.
너는 다친 네 몸 스스로 손보지 못해 괴로워도 좌절감 느끼지 않아도 된다.
너는 누구 하나 봐주는 이 없어도 외로움 느끼지 않아도 된다.
너는 누군가의 빈 자리, 슬그머니 엉덩이 디밀어도 비겁함 느끼지 않아도 된다.
그게 네 삶이니까.

너는 네 삶에 허락된 규율에서 당당하라
나도 내 삶에 허락된 규율에서 그리할 터이니

너는 거기서 네발로,
나는 여기서 두발로…
자기 삶에 허락된 규율에서 당당해야 하는,
우리 사는 이치는
결국, 같구나…

같은 이치로
다른 삶을 살아가는
이 것이 공존이구나…

'신성한 무관심'에 대하여

난감한 것인지 경계인 것인지

지친 것인지 버티는 것인지
잃은 것인지 새로운 것에 자리를 내준 것인지
끝이 없는 것인지 끝으로 가는 중인지
미련스러운 것인지 일관된 묵묵함인지
지나간 그 지점이 기회였는지 더 큰 기회의 조짐이었는지
열린 문에 막막한 것인지 닫힌 문에 두려운 것인지
나의 길 앞에서 난감인지 경계인지 난 모르겠다.

빼앗긴 것인지 내어준 것인지
화가 난 것인지 두려운 것인지
기대가 큰 것인지 관심이 멀어진 것인지
믿음이 깊은 것인지 외면의 방패를 쓴 것인지
관심을 바라는 것인지 아첨을 하는 것인지
당부와 제안의 거절이 용기였는지 무지였는지
관계 앞에서 난감인지 경계인지 난 모르겠다.

고독한 것인지 완벽한 자유인지
체념한 것인지 억눌린 것인지
소멸된 것인지 채워진 것인지
생각이 깊은 것인지 모든 생각을 버린 것인지
후회가 밀려오는 길인지 자각으로 이르는 길인지
혼란이 정리되는 중인지 정리가 혼란스러워지는 중인지
정신과 감정 앞에서 난감인지 경계인지 난 모르겠다.

삶의, 관계의, 정신과 감정의 난감한 경계 앞에서
'모르겠다'는 철저한 방어로 나는 잠시 나를 세운다.

이것이 순행하는 흐름의 순응이면 다행일테고
이것이 역행하는 흐름의 방조라면 타격일텐데

내가 나를, 내 삶을 알려는 오만앞에서
그저 오늘도 '믿음이 자리잡은 그 지점'을 상상하며
미련스럽게 묵묵히…

이것이
'신성한 무관심'이길 간절히 바라면서…
나를 있게 한 창조주의 지혜를 강구하면서…
원래 이 길이 이런 길이라는 체념을 다지면서…
더 미련스럽게 묵묵히…

이토록 집요한 나의 해체 작업은

이토록 집요한 글로 담는 작업은

과연

주제넘는 짓인지 주제를 알려는 짓인지...

이 역시 도통 모르겠다.

여전히 난감한 지경인지

기어이 경계까지 온 경지인지

내가 와보지 않은 지점에 서 있는 것만은 분명하다.

여기엔 여기로 날 이끈 분명한 이유가 존재하겠지.

내 인생 가는 길에

여기 이 모습으로 서 있어야 할 이유가 있나 보지...

그 이유를 내 어찌 알까마는...

이 난감인지 경계인지 모르는 지점이 지나면

신성한 무관심에 당도했으면 좋겠다.

나의 의지조차 무용한 곳이면 좋겠다.

인간사회에서 통용되는 마법이 존재하는 그런 곳이면 좋겠다.

그래서, 지금의 난관인지 경계인지 모를 이 지점이

공든탑이 무너지려 흔들렸던 것이 아니라

공든탑의 부실했던 바닥을 재건하느라 잠시 흔들렸을 뿐임을 증명하는...

그런 곳이라면 좋겠다.

'글쓰기'에 대하여

궤도를 분절시키지 않으면 전체 궤도를 이을 수 없기에

시작부터 건방진 얘기지만 나는 참으로 소로우[1]를 닮았다. 그가 쓰는 글은 전부 나를 위한 글처럼 읽히고 그의 추구가 나의 추구의 길과 결이 같아서 나는 그의 일기가 마치 내가 쓴 내지 쓸 글처럼 느껴진다.

소로우의 책들을 씹어먹듯 읽고 또 읽고…
언제든 그가 그리우면 또 펼치고…
나는 소로우와 카페에 마주 앉아 얘기하고 글을 쓰며
그의 정신을 내게 담아 따르고…
그렇게 그와 함께 살고 있다고 느낀다.

과거의 그가 지금의 나를 이리 데리고 사는 이유는 그가 남긴 글이 시대를 초월해 우리를 이어주기 때문이다. 심지어 나는 죽으면, 소로우와 에머슨, 절친인 이들 사이에 나도 끼워달라고 졸라볼 요량이다. 오래전 읽은 소로우를 지금 새벽독서를 하는 동반자들에게 권한다. 나는 그를 여기저기에 맘껏 소개한다. 사람을 소개하는 것은 자신의 살아온 생과 인격을 담보하기에 아무

---

[1] 헨리데이빗소로우[Henry David Thoreau] : 미국 사상가 겸 문학자.

나 하지 못한다.

시대, 인종, 환경 모두를 초월해 연결짓는 수단이 있다면
글이 아닐까.
글 속에 담긴 삶이 아닐까.
삶 속에 담긴 자신만의 사상이 아닐까.
무수한 책을 읽고 위대한 기억의 힘으로 제 아무리 정신을 채운들 그것이 자신의 색채를 띈 사상으로 정립되지 않는다면 그저 지식의 탐식일 뿐 그 무엇도 아닌 것이다.

글 쓰다가 사이사이 나는 성현들에게 묻는다.
겸허히 묵묵히 나의 길을 가기 위해 어찌하면 좋을지를...

책은 내가 펼치고 보는 것이 아닌 것 같다. 나의 어떤 구멍을, 필요를 감지한 영혼이 책앞에 앉히고 내게 필요한 그 구절을 펼쳐 보여준다.
그렇게...
오늘 새벽 무심코 펼친 소로우...

그렇다고 나는 돌다리를 수선하고 있는 저 사람들 옆을 지나가기를 꺼려 하지는 않을 것이다. 거기에 시(詩)는 없는지, 또 나의 반성의 재료는 없는지 알아볼 것이다. 숲과 들 등 자연의 광대한 모습만을 보려는 것도 일종의 편협함이다. 위대한 지혜는 사람들의 일상과 관련되지 않을 수 없다 [2].

---

2 소로우의 일기, 헨리데이빗소로우, 도솔

소로우는 나를 크게 반성케하고 내가 어떤 부분에서 내 삶과 삶을 담은 글에 오류를 범하는지 꼭 짚어줬다. 나는 사람들의 일상에 크게 관심이 없다. 그들이 뭘 먹고 어디를 가고 왜 웃는지 크게 공감하지 못하는 나는 그래선지 사람만나는 것을 즐기지 않는다. 항상 먼저 자리를 뜨거나 대화에서 침묵하거나 애써 자리의 숫자를 채워주는, 그저 없어도 그만인 존재가 나다. 그렇게 남들의 일상에 관심없는 내가 왜 그럴까에 대해 고민해 봤지만 해답도 없었고 '그저 나는 그런가 보다.' 고민거리로 남기지 않았는데 내가 부족했던 부분을 소로우가 저렇게 무심코 알려줬다.

나는 편협했던 것이다. '고립'을 원해서 그것으로 자위하며 나는 적당한 거리를 두고 세상 속 어느 언저리에 머물려 했다. 사실, 영원히 그리 살길 원한다. 지금도. 그렇게 선택한 삶이다보니 내 곁에 머무는 이들에게만 지독하게 관심이 깊고 그들과의 대화에 열을 올리고는 있으나 돌다리를 수리하는 누군가에게는 관심이 없다. 그저 길가에 핀 민들레보다도 나는 관심을 두지 않았던 것이다.

나의 눈이 더 날카로워지려면 **크게 보려는 시야와 세심한 것을 들여다보는 작은 시선이 함께 필요**하다. 모든 것은, 무심하지만 세밀하게, 여기서 이해할 수 없는 어떤 이유로도 연결되어 있다. 무관한 사태와 사물, 그 어떤 것도 서로 연결되지 않는 것이 없을터인데 나는 이들을 들여다보기에 소홀했고 그렇게 연결에 구멍이 나니 나의 사상을 정립해가는 글쓰기에서도 난감한 순간에 자주 부딪히는 것이다. 광대한 것만을 보려는 편협함에서 벗어나 일상에서 그 접점을 날카롭게 포착해야 하는데…

나는 나와 나의 글이
모든 것에 연결되는 원리에 의해
모든 이들에게서 공감을 끌어내는 글이길 바란다.
작은 입속에 숨겨진 혀에서 모두를 위한 소리가 만들어지는
공명의 시선으로,
상세한 설명, 서술보다는 추상적인 울림으로 실체를 그려내는
통찰의 시선으로,
하나를 묘사하기보다 전체에서 연결된 하나를 포착하는
온전(whole)의 시선으로,
대다수가 표현하는 단어가 아닌 내가 창조한 언어로 보편에 스며드는
독자적인 시선으로,
적당한 거론이 무방할지라도 그 '적당'이 읽는 이들의 혼을 떨게 할
영혼의 시선으로 나의 글이 스스로 정화하며 스스로 길을 개척하길 바란다.

그러기 위해서 나는 조금은 다른 곳으로, 조금은 먼 곳으로, 조금은 낯선 곳으로, 조금은 불편한 곳으로 내 다리를 옮겨야 할 필요가 있다. 너무 같은 패턴으로만 지내는 요즘, 내가 '외출'이라는, 굳이 명목이 없어도 '외출'을 해보려 한다. 남들이 들으면 '뭔소리?'라고 반문하겠지만, 나는 내 공간을 벗어나 다른 곳으로 발길을 내미는, 내 시간을 이.유.없.이. 쓰는 것이 낯설기에 낯선 방향으로 조금씩 걸어보려는 것이다.

분명 나는
이상과 현실이 먼 거리에 존재함을 안다.
경박한 삶과 신성한 삶의 거리가 먼 것도 안다.

소소하게 반복되는 일상과 의도 품은 인생이 먼 거리인 것도 안다.
'지금의 나'와 '내가 원하는 나'도 먼 거리에 서있다는 것도 안다.
무심한 것과 신성한 무관심은 다른 차원에 존재하는 정신이라는 것도 안다.
이렇게 **먼 거리를 나만의 궤로 하나로 이으려면**
궤도를 분절시켜 나아가야 한다.

이것을 무시하면 저것으로 연결시킬 수 없기에
여기서만 보면 더 큰 시선의 의도를 포착할 수 없기에
일상만 즐기는 편협은 거대한 조화를 담아낼 수 없기에

삶의 궤도에서 지금을,
인생의 궤도에서 사람을,
사람의 궤도에서 현상을…
그리 담아내어야만 한다.

점 하나를 바라보더라도 거대한 시선으로부터의 날카로운 응시여야 그 점 하나와 우주의 연결을, 그 점하나가 우주의 일체를 위해 존재하는 가치를 느낄 수 있다. 그렇게 나의 정신에서 발현되는 주장을 설득으로, 아집을 사상으로 초월시켜 시선의 경계를 너머 무한한 사상의 바다로 나의 글이 길을 낼 것이다.

나는 이제부터 일상에서 작은 일탈을 해보련다.
무관심한 것으로 애써 눈길주고
낯선 것들에 오래 귀 기울이고

드문 것들을 귀하게 들여다보며
그것들이 품고 있는 사랑과 아름다움에 내 가슴이 어떻게 진동하는지 나는 느껴보련다.

인생은 하나하나의 행위를 점점이 이은 선, 곧은 자로 줄을 그은 선이라고 할 수 있다. 얼마나 많은 도약을 했느냐에 관계없이 그 선은 늘 직선이다. 우리의 인생은 극히 사소한 일을 얼마나 잘했는가에 의해 평가받는다. 인생은 이 사소한 일들의 최종적인 손익 결산이다[3].

내 시야에 다 담지 못하는 하늘의 시선으로
잡초 사이 바쁜 개미의 걸음에 찬사를 보낼 것이며
내 시야를 모두 채우는 바다의 시선으로
발밑 작은 물방울의 앙증맞음에 폴짝 뛰어볼 것이며
내 시야에 쏙 들인 저어기 먼 달의 시선으로
옆에 지나가는 어린아이의 순수함에 감동할 것이며

내 시야에 담은 적 없는 땅속 깊은 뿌리의 시선으로
돌틈 사이 새싹의 강인한 신비로움에 경탄할 것이며
내 시야에 낯설지만 용기담은 시선으로
내 앞에 웃고 있는 활짝 열린 치아에 함께 환할 것이며
또한,
내 시야에 단 한번 보여진 적 없는 '내 글을 읽는 모두의 시선'으로
내 세포 곳곳에서 꿈틀대는 사소함들을 끄집어낼 것이다.

---

[3] 소로우의 일기, 헨리데이빗소로우, 도솔

나는 그렇게

큰 시야에 작은 시선의 날카로움을 담은 글의 창조자이고 싶다.

아니, 매개자이어야 한다.

창조되어야 할 글이 나를 통해 나오고야 마는,

여기와 저기를 연결지어 거대한 하나의 궤를 잇기 위한

작은 점...

점으로서의 나...

그렇게 내가 쓰는 것이 아닌, 나를 매개하여 쓰이는 글이길 바란다. 이를 위해 나는 나의 비옥도를 높여 어떤 글이든간에 먹음직스럽게 영글게 하여 누군가의 영혼에 양분으로 흡수되길 바란다.

소소한 일상 속에서...

한 순간...

사려깊게...

잠시 나를...

멈춰 세우는...

이 작은 시도가

한가함에 젖은 감상의 낭비라 누가 말할 수 있을까?

전체 궤도의 연결을 위한 분절된 행위라고 감히 표현할 수 있지 않을까?

'나'를 통해 세상에 필요한 '글'이 탄생되는 찰나라고 믿어도 되지 않을까?

이 작은 시도로

내 틀이 깨지고 온전한 나의 원석이 드러나지 않을까?

이 작은 시도의 끝에

어떤 의도없는 오롯한 나와 내 글이 일치하는 궤를 그릴 수 있지 않을까?

훌륭한 문장은 어쩌다 우연히 쓰여지지 않는다.

글에는 어떠한 속임수도 용납되지 않는다.

어떤 사람이 쓴 최상의 작품은 그의 인격의 최상을 나타낸다.

모든 문장은 오랜 시련의 결과이다 [4].

---

[4] 소로우의 일기, 헨리데이빗소로우, 도솔

'사유와 사색'에 대하여

책, 글, 길, 그리고 나

나는 다른 사람들이 이미 탐구해 놓은 것들을 탐구하는 것보다 나 스스로의 힘으로 어떤 근거들을 찾고 여기저기를 연결시켜 새로운 정의와 개념을 도출해내는 것에서 그 어떤 것보다 큰 지적만족감을 느낀다. 타고났다기보다 욕구가 그 쪽으로 한 번 쾌락을 맛보더니 계속 그리로 가는 듯하다. 논문을 쓸 때도, 글을 쓸 때도 나만의 방식으로 나만의 주제로 내가 흥미를 느껴 혼자 여기저기 뒤적뒤적, 형식도 내가 만들고 아니, 형식은 개의치 않고 그저 결론내고 싶은 것이 무엇인지, 그 인과는 어떻게 이어갈지, 그래서 연역해서 근원까지 파헤쳐보는 나만의 놀이에 빠져 글을 쓰니 어쩌면 늘 형식없는 관념적인 글들만 쓰게 된다.

새벽독서를 수년째 하는 동안 내가 탐구하며 발견한 어떠한 근거나 사고의 연결고리에서 탄생한 명제들을 책속에서 만나게 될 때 마치 오랫동안 찾아 헤매던 무언가를 드디어 찾아낸 듯 흥분을 가라앉히기가 힘들 정도로 '와우! 나도 알아냈는데!' 괜한 동류의식도 느끼고 '내가 알아낸 게 맞구나.' 싶어 가슴 속 저 깊은 곳에서 올라오는 안도감에 평온해지기도 한다.

그러다가도 내 못된 심보는 '에이, 나만 아는 줄 알았는데.' 오묘한 질투와 함께 글의 주·소재 거리가 하나 줄어든 것에 입을 삐죽거리기도 한다. 내 지독하게 깐깐한 양심은 내가 탐구한 것이라 할지라도 책을 보다가 눈에 띄면 괜시리 훔치는 듯하여 그냥 갖다 쓰지 못하기 때문에 내가 스스로 거기까지 도달했음에도 불구하고 인용이나 발췌를 꼭 표기한다. 그럴 때 등장하는 묘한 질투심은 쉽게 가라앉지 않지만 그래도 금세 또 다른 언어와 명제를 찾아내야 하는 숙제를 스스로에게 떠안긴다. 여하튼 이런 날들이 하루이틀 많아지면서 내 감정은 하늘 저 위에서 춤추다가 땅속 저 깊이에서 잠자다가 좀처럼 내가 컨트롤이 안될 때가 많아졌다.

최근엔 나의 독서에도 가히 용기있는 태도들이 새롭게 생겼다.
어떤 책은 책장을 열어 몇 페이지를 읽다 보면 읽지 않아도 되겠다 싶어 책을 덮을 때가 있다. 나의 이쪽 이성은 시건방을 떤다 하고 저쪽 이성은 나의 용단에 자부도 주지만 양쪽 이성이 싸우거나 말거나 나는 내 판단과 느낌에 따를 용기정도는 이제 지닌 듯하다. 내가 쓴 책 역시 내가 읽으면 쥐구멍이라도 들어가고 싶게 써놓은지라 동병상련으로 책의 저자를 비하하는 경솔은 결코 없으며 내 지성에는 이미 덮은 책의 내용 정도는 인지되어 있다는 확신, 또는 설사 살짝 다르게 인지되었더라도 그 정도는 지금 나의 지성으로 인과를 만들어낼 수 있을 정도는 된다고 스스로를 믿게 되었기 때문이다.

하지만 독서는 여전히 내게 숙제다. 읽기 어려워 덮은, 미룬, 기다리는 그러다 어떤 순간 너무나 술술 읽어졌던 경우가 허다했었다. 올더스헉슬리가 그랬고, 뤼디거달케가, 김우창교수가, 애덤스미스가, 니체가, 데카르트가 그랬다. 지금은 프루스트가, 괴테가, 한나아렌트가, 질 들뢰즈 그리고 블레이크를 비롯한 시(詩)들이 감추고 싶은 내 부족한 지성을 들추고 있다.

그래서 '이해'라는 단어는 내게 너무나 두려운 단어가 되었다.
이해된 줄 알았는데 이내 더 깊은 지식 앞에서 꼼짝못하는 나를 금세 발견하게 되니 말이다. **이해는 모든 감각을 제외시키고 오로지 내 인식의 작용으로 대상이 수용된 지적현상이다.** 어떤 글귀, 문장, 단어, 이 모두에 감각을 전해주는 여백까지. 이해가 되어야 해석이 될텐데 이해에서 막히면, 그러니까 내게 버거운 문구들과 마주할 때 어렴풋하게 이해하고 넘어가기엔 너무 찜찜해서 여러 번 읽어도 보지만 여전히 모자람만 들통나는데 사실 이럴 때엔 많이 난감하다. 모른 채 다음으로 넘어가야 할지 그 자리에서 멈추고 다른 책을 펼쳐야 할지 아무것도 읽지 않고 그냥 정신을 좀 쉬게 냅둬야 할지. 이런 경우가 잦아서 습관이 된 지금은 크게 고민하진 않고 감각에 따른다. 어떤 때엔 덮고 어떤 때엔 계속 읽으면서 판다.

걱정되는 것은, 이럴 때 조급해진다는 것이다.
모르는 것이 정신 안에 존재할 때 나는 그것을 알고 싶어 속도를 내다가 어느새 나를 들들 볶아대기 때문이다. 이건 어쩔 도리가 없다. 그냥 조급한대로 지식을 쌓아가며 양을 늘여 내 지식의 틈새를 메우는 수밖에. 조급하다는 것은 곧 한가할 때가 다가온다는 뜻이니까.

그래서 이제 나는 즐기기도 한다.
틈새가 다른 지식으로 채워진 후 다시 그 부분을 읽으면 너무나 명쾌하게 인식되면서 '아 그 때 나는 그 수준이었구나'를 알게 되고 '이번에도 이렇게 배우나 보다' 한다. 또, 내 정신은 내 속 어디에 숨겨진 지식들을 꺼내는데 시간이 필요한 것도 같다. 틈새를 메울 지식을 찾지 못해도 한쪽 머리에 모르는 그것을 가만 내버려 두면 며칠 뒤 같은 글귀지만 너무나 단순하게 이해되는 것을 자주 경험한지라 '아. 정신에도 시간을 줘야 하는구나.', '내 이해가 형편없는 것은 아니었구나' 하며 안도하며 정신을 달래기도 한다.

이렇게 수년을 보내니 다행히도 모르는 것을 이해하기 위해 뭘 더 공부해야 할지 허둥대는 꼴은 이제 거의 없어진 것도 같다. 아무튼 모르는 부분과 맞닥뜨리면 놀랍고 난감하긴 해도 곧 엄청 찐한 쾌락을 몰고 오니 이해가 안 되는 순간이 오는 것에 있어서는 일단 '또 올 것이 왔구나!' 웃으며 환영하는 걸로 정리했다.

또한 나를 꼼짝 못하게, 책장을 넘기지 못하게 하는 그 문장이, 그 문단이, 그 글이 나에게 꼭 필요하다는 사실까지 알게 되어 이제 날 이해시키기 위해, 감동시키기 위해, 깨뜨리기 위해 등장한 그 지점에 이르면 난 오히려 기쁘기도 하다. 감사가 커지고 그만큼 충만감도 배가 된다.

늘 할아버지처럼 뒷짐 지고 걷는 습관이 있는 나는 조용히 이런 감정들을 달래고 다독거리고 감사를 느끼면서 **나의 자발적 탐구, 책으로부터 온 탐구**에 하염없이 빠져든다. 이를 근사하게 **사색.**이라 불러도 좋을 것이다.

그러고 보니, 사색은 별 게 아니다. 내가 내 정신 속에 빠져 그 속에 난재, 혼재되어 있는 무질서한 파편들의 질서를 잡으려는 걸음... 아니, 걸으면서 지식을 연결하고 연결의 교차점에서 나만의 명제를 정립하고 그것에 개념을 입히는 정신활동... 이렇게 정신과 신체가 '하나'가 되어 '하나'를 만들려 '하나'를 찾아 알고 꿰어 지성 속 제자리에 놓아주는 연합작용[1].
다리는 마을 어귀를 걷고.
두눈은 허공 사이를 걷고
두귀는 심연 깊숙이 걷고
마음은 모두를 담아 걷고
이렇게
사색은 사유의 길을 걷는다.

나심 탈레브가 자기는 '천성이 게을러서 사유하고 사색하며 노닐기 위해 노동형 인간이 아닌, 아이디어형 인간이 되기로 결심했다[2].'고 고백한 것 마냥, 데카르트가 '어떤 책을 읽기 전에 자신의 성급한 독서로 인해 자신이 발견하는 기회를 빼앗겨 자신의 순진무구한 그 기쁨을 누리지 못할 것 같아 책을 잡기 전에 망설[3]'인다고 실토한 것 마냥 상당부분 나도 그렇다.

헐렁한 면티차림에 애들이 신던 낡은 운동화 신고 뒷짐지고 슬슬 마을 한 바퀴, 저 아래 강가까지 걸으며 나는 내 머리속으로 들어가 한참을 그 안에서 여기뒤적, 저기뒤적 말 그대로 장난을 논다. 그러다 보면 비좁고 귀찮아진 내 정신은 성가신 것들을 선심쓰듯 머리밖으로 툭! 내던지기도 하는데 나는 냅다 이것들을 핸드폰의 녹음기로 옮겨버려야 직성이 풀린다. 그러나 집에 와서 들어보면 우습기 짝이 없는 것들이 대다수이고 도대체 나도 무슨 말인지 못 알아들을 내용만 가득이다.

---

[1] 연용작용 :' 연결해서 서로 섞여 용해시키는 작용.
[2] 블랙스완, 니콜라스나심탈레브, 동녘사이언스
[3] 방법서설, 데카르트, 문예

여전히 내 정신은 질서가 없지만 괜찮다. 개념이나 정의나 명제들은 서로의 연관성에서 비롯되는 것인데 사색하는 어느 찰나에 툭 튀어나온 녀석들의 맥락, 즉, 기둥과 줄기는 기억에 의존한 채 잔가지만 녹음해 놓았으니 엉뚱하게 들릴 수 밖에.

내 기억력이 이제 슬슬 나이값을 하는 것 같아 신경질도 난다. 그래서 최근엔 이쪽에 저장된 것이 저쪽과 연결될라치면 기억력이 이를 놓칠새라 서둘러 이쪽에서 저쪽까지 죄다 녹음하고 메모하느라 걸으면서도 혀와 손이 분주하다. 요즘 들어 더 자주 이런다. 이 놈의 정신이 언제 어디서 자신에게만 집중해 달라고 땡깡을 부릴지 몰라서 내 두 다리는 여유로울 새가 없다. 식사를 하는건지 사료를 먹는건지, 왜 여기서 저기를 뛰고 있는지 모른 채 늘 그렇게 신체는 가혹할 정도로 정신에 희생당한다.

게다가 하루종일 제 용량이상으로 움직여댄 정신은 영화 한 편 보고 싶은 내 심정도 몰라주고 어떻게든 졸음을 쫓으려는 내 신체의 냉정함도 몰라주고 '죽음의 친한 형제인 잠[4]'에 나를 인계한다. 그럼 뭐하나? 자면서도 연신 툭툭 나를 건드려 깨우는데… 이는 자는 시간만큼 생성되는 용량을 축적, 숙성시키지 못하는 비좁은 내 머리통탓이다.

그래도 괜찮다. 나의 사유의 길이 아직은 좁구나를 늘 확인하게 되니까. 차가 많아지면 도로를 넓히듯 사유의 길도 사색의 속도와 양이 증가하면 더 크고 길고 넓게 확장되겠지. 풋, 그러고 보니 공사의 주인도 나구나. 때가 올 것이라 기다리는 수밖에 달리 도리가 없겠다.

---

4 시와 진실, 괴테, 동서문화사

나는 글을 쓸 때 근거를 제시하는 습관이 있다. 근거가 없다면 지식 탐구의 기본인 연역에서 일단 배제되고 근거없는 주장은 여러 반론의 소지를 유발하기 때문이다. 반론이 두렵다기보다는 **근거 없는 주장을 하는 떠벌이가 되기 싫기에** 내가 새로운 주장을 하려는데 근거를 찾기가 어렵거나 근거 자체가 없다면 가장 기본적인, 더 이상 파헤칠 수 없는 관념론을 근거삼거나 이미 찾아놓은, 내가 충분히 따를만한 가치가 있다고 판단되는 성현들의 주장을 근거삼아 글을 시작한다.

이러한 근거에 의해 이것이 저것으로 연역되도록 연결짓고 이쪽과 저쪽을 상관지으며 하나하나 순서대로 열거, 배열함으로써 나름의 추론을 만들어간다. 그게 논리라고, 논리가 있어야 글에 힘이 있다고, 글에 힘이 있어야 읽는 이들의 눈에서 머리로, 가슴으로 전해진다고, **글과 말은 '내 정신의 구체화된 표현'**이기에 언어의 전달이 아닌, **혼의 공유**여야 한다고 여기기 때문이다. 물론, 글을 쓰는 것은 읽히기 위함이기도 하다. 나는 나의 '글쓰는 이유'가 절실할 때 읽히기 위한, 읽혀도 되는 글쓰기의 용기가 나온다. 그래서, 내가 나에게 허락받는 과정이 상당히 까다롭고 냉정하면서도 어떤 때엔 흔쾌하게 직관적이다.

나는 비록 지금 여기 서 있지만
나는 글로 세상에 내 배움을 전하고
이를 위해 사유의 길에서 사색하고
사색하는 내내 이해력을 총동원해 저장된 인식과 새로운 감각을 정돈하고
정돈된 그것으로 내 사상의 궤를 만들 수 있기를,

그래서,

내가 나로써, 내 것으로써, 세상에 내 목소리를 낼 수 있기를,

내가 그랬듯이 누군가도 그렇게 자기 목소리로 세상에 당당해지기를.

이 바람을 이루는 길이

나에겐 **사유의 길**이며 **사색의 이유**다.

'본질'에 대하여

거둬라

거두자.
거두면 된다.
거둬야만 한다.

안개를 거둬야 길이 보이고
구름을 거둬야 하늘이 보인다.

덧입혀진 색을 거둬야 하얗게 보이고
그 하얀 것
마저 거둬야 본색이 보인다.

말을 거둬야 뜻이 보이고
그 보이는 뜻
마저 거둬야 진심이 보인다.

표정을 거둬야 얼굴이 보이고
그 보이는 얼굴
마저 거둬야 사람이 보인다.

그렇게
너에 대한 감정과 기억을 거둬내야 네가 보이고
너 역시
나에 대한 감정과 기억을 거둬내야 내가 보이겠지.

거짓을 거둬야 진실이 드러나고
혼탁을 거둬야 맑은 정신이 드러나며
그릇됨을 거둬야 참됨이 드러난다.

생각을 거둬야 믿음이 느껴지고
표상을 거둬야 의지가 나타나고
의도를 거둬야 의미가 전해지고

앎을 거둬야 삶의 본성이 숨을 쉬며
나를 거둬야 참된 나를 발견하겠지.

찾지 말고
구하지 말고
거둬내야 한다.

나는 아무 것도 찾지 못하고
아무 것도 변화시키지 못한다.

오로지 나를 변화시킴으로서
찾는 그것이 드러나
내게 보일 뿐.

신심명(信心銘)의 가르침따라
삶이 알려준 원리, 이치에 따라
'내 정신과 마음에 깃든 망령'을 거둬야

찾고 구하는
바로
그 것이 드러난다.

내게 덧입혀진,
내 앞을 가로막은 그것을 거두면
정작 보고 싶던
이면에 감춰졌던
이내 봐야(만)할 그것의 정체를 보게 되겠지.

보이는 것을 거둘 때 정작
보고자 했던 진면목(眞面目)을 알게 되겠지.

이미 모든 것은
그 자체로서의
본양(本樣)과 본성(本性), 본의(本意)를 지니니
가리고 막고 숨겨진 모든 것 거둬내자

그러면
본연의 그 것이 내 앞에 드러나겠지.

거두자.
거두면 된다.
거둬야만 한다.

그것이
진짜이고 참이고 본질이다.

'잠과 꿈'에 대하여
신비는 공리를 초월한다.

여기에서 저기,
저기에서 여기는
'나'를 '나'로부터 분리시켜
'나'를 '나'에게 매개한다.

나는 나의 영혼이
지금 나를 재우고
시간이 지나면
나를 깨우는 줄 알았다.

그런데 아니었다.

나의 영혼은
여기서 나를 재우며 저기서 나를 깨우고
여기서 나를 깨우며 저기서 나를 재우더라.
나는 동시에 여기와 저기서

자면서 깨어 있고
깨면서 자는 것이었다.

두 공간으로
분리된 나는
영혼에 의지해 연결됨으로써
저기로부터 보내온 신호에 여기서는 무의식적으로 반응한다.

때로는 진땀 흘리며 저기로부터 온 '꿈'을 털어내려,
때로는 갓난아기처럼 웃으며 저기로부터 온 '꿈'을 붙잡으려,
때로는 저기로부터 아무 것도 오지 않아 기다리기도 했는데

나의 영혼이 요즘 내게 하는 짓은
여기서도 이 생각
저기서도 이 생각
같은 생각으로 여기저기 분리된 나를 하나로 맺고 있다.

여기서 날 깨우며 내게 하는 짓을
저기서는 잠재우며 동시에 하게 하고
여기서 날 재우며 내게 하는 짓을
저기서도 날 깨우며 똑같이 하게 하니

영혼의 호들갑에
내 육체는

여기서도 자다깨다
저기서도 자다깨다

너저분하게
열도 나고 속도 더부룩하고 괜한 기침에 콜록대기도 하지만

자다깨다
자나깨나
여기서도
저기서도

같은 생각, 같은 짓하는,
오묘한 신비로움에

자다가 깨서도 놀랍고
자다가 놀라서도 깬다.

시간에 무관심한 자다깨다의 반복은
해넘어간 밤시간에도 자다깨다,
달넘어간 해시간에도 여전히 자다깨다인지라

늘 깨어 있지도
잠들어 있지도 않은 상태.

나의 영혼이
자. 연결한다! 하며
분리된 두 공간에서 동시에 내 육체에게 명령하는 것은
자신의 존재를 알리기 위함인가?
내가 하는 짓을 세상에 드러내라는 신호인가?
지금처럼 '미치라'는 격려인가?

여기 내가 깨어 하는 짓이
저기 잠자는 내게로 진짜 전해지는 걸까?
여기 내가 자며 하는 짓은
저기 내가 깨어 하는 짓을 진짜 전해받는 걸까?

자나깨나.
같은 짓을 한다는 건
같은 짓만 머리 속에 가득차 있다는 건
그것 외엔 아무 것도 관심이 없다는 건

여기의 나와 저기의 내가
한쪽이 지치면 다른 한쪽으로 바통을 넘기는,
전우주적인 일체(一切)에 대한 신비한 체험이 아닐 수 없다.

난 자면서도 글을 쓴다.
지금 이 글도
저기서 깨어있는 내가

여기서 자는 내게로 정신없이 전해주는 바람에
놀라서 깨어나
신체는 자는데
손가락만 움직이며 그냥 부르는대로 받아적을 뿐.
이 오묘한 신비로움에
나는 말 그대로, 정신을 못 차리겠다!

이 '신비'를 외면할 수 없는 이유는 '신비는 공리를 초월하면서 어떤 질서를 수렴한다.[1]'는 강력한 메시지와 장자가 경험한 '호접몽'에 대한 만물일체의 기억과 '우리는 잠자며 잠 깨어 있고. 잠 깨어서 잠자고 있으니 어째서 우리가 생각하고 행동하는 것이 다른 방식의 꿈꾸는 일이며, 깨어 있는 것이 어떤 종류의 잠이 아닌가?[2]'라고 의문하지 않는 나를 호되게 꾸짖은 성현의 가르침이 내 속에 깊게 담겨 있기 때문이겠지.

---

1 깊은 마음의 생태학, 김우창, 김영사
2 나는 무엇을 아는가, 몽테뉴, 동서문화사

'근성'에 대하여

나는 차막히는 터널이 좋다.

난 터널을 좋아한다.
어딘가로 빨려 들어가는 느낌도 좋고
어두움을 밝히는 노르스름한 빛도 좋고
뭔가 동굴속에 숨은 듯한 안정감도 좋고
밝은 빛을 따라 곧장 내달리는 질주도 좋고

하지만 진짜진짜 터널이 좋은 때는
차가 막혔을 때다.

차가 막힌 터널 속에선 제 아무리
운전을 잘하는 능력도,
여기가 어딘지 빠삭한 정보도,
잘난 외모와 명품치장도,
근사한 세단도,
사회적인 지위와, 직업도,
가방끈이 긴 것도,

출생지나 사는 동네도,
뭣도 뭣도
다 소용없더라.

그냥 비슷비슷한 공간에서
그냥 비슷비슷한 자세로
그냥 비슷비슷한 표정으로
앉아 있어야만 하는 비슷비슷한 모양새가 좋다.

왠지 공평한 것도 같고
왠지 다시 모두가 출발점에 선 것도 같고...

제 아무리 목소리 큰 놈이 차막힌다고 성질내봤자 자기귀만 시끄럽다.
제 아무리 성질급한 놈이 아무리 빵빵대봤자 무조건 욕만 먹는다.
제 아무리 성격 거친 놈이 답답하다고 뛰쳐 나와봤자 자기만 위험하다.
제 아무리 아부와 비위에 능하고 허세에 통달한 놈이라도 상대가 없다.
그냥 입다물고 묵묵히 자기 자리를 지키는 사람이 제일 인품있다.

두어시간 넘게 터널에서 차가 막히면 인품과 인격이 제대로 드러난다. 능력있거나 근엄하거나 우아하거나 건강하거나 성격좋거나 남자나 여자나 아이나 어른이나 무조건 배고프고 마려운 생리현상과 연료부족으로 달달거리는 거처를 해결하는 것만이 유일한 행복이고 바람이다. 이처럼 공정하게 본능만으로 행복과 쾌락을 누릴 수 있는 곳이 어디 있단 말인가?

컴컴하고 답답하고 바람없고 숨막히는
누구에게나 차 막히는 터널은 구속된 공간이다.

그런데
터널은 무조건 앞으로만 가야지 뒤로 갈 수 없다.
길 끝엔 반드시 빛이 있다.
갓길에서 쉴 수도 있고
우회도로도 있고
휴게소도 있고
졸음쉼터도 있고
되돌아갈 수도 있는
여러가지 선택지가 있는 자유가 반드시 온다.

터널이라 싫었는데
터널이라 좋아졌다.

인생에 풀어야 할 숙제는 많지만 숙제 해결은 **근성**.
'근성'이면 뭐든 풀어낼 수 있다는 단순한 진리가 여기서 드러나니까.

빛은 어둠이 있어야 빛이고
행복은 불행을 경험해야 행복이고
성공은 실패를 치러내야 성공이며
자유는 구속을 견뎌내야 자유다.

터널은 그런 곳이라 좋다.

뚫기 위해 막힘을 수용하는 근성.
빛을 위해 어둠을 견뎌내는 근성.
행복을 위해 불행을 이겨내는 근성.
성공을 위해 실패를 극복하는 근성.
자유를 위해 구속을 선택하는 근성.

묵묵히 갈 길을 가는 것.
묵묵히 자기 자리를 지키는 것.
묵묵히 내 정신에 인(仁, 어질인)을 키워내는 것.
묵묵히 내 신체에 인(忍, 참을인)을 채워 넣는 것.

모두에게 공평하고
모두에게 냉정하고
모두에게 참계하고
모두에게 빛을주는

터널.
참 좋다.
차가 막히면 더 좋다.

'시간'에 대하여

시력(視力)이 시력(時力)으로
시력(時力)이 지력(知力)으로

나는 볼수도 만질수도 가질수도 옮길수도,
늘일수도 줄일수도 키울수도 조절할수도,
그 어떤 것도 허락하지 않는다.
나는 묵묵히 내 속도로만 움직인다.

골리앗이 아무리 센 힘으로 나를 밀어도
아인슈타인이 아무리 천재적인 머리로 날 가르쳐도
소크라테스가 아무리 특유의 언변으로 나를 설득해도
나는 결코 나만의 보폭을 조절하지 않는다.

나는 사람과 사람사이를 헤집으며 그들의 관계에 관여하고
나는 사람의 정신을 헤집으며 과거와 미래를 현재로 데려오며
나는 사람과 자연을 헤집으며 모든 만물에의 일체를 경험케 하는,
나는…
태양의 뜨고 지는 대법(大法)의 속도대로 움직일 뿐이다.

제 아무리 엄청난 사건사고가 세상을 놀래켜도
나는 동동거리지 않으며
제 아무리 불행한 일로 통탄하는 이를 만나도
나는 눈꼽만큼의 동정도 없으며
제 아무리 극악무도하거나 제 아무리 천사같다 해도
나는 더주거나 덜주는 법없이 모두에게 공평하다.

인간이 나를 부르는 이름은 **시간이다.**

내가 이리 일관된다 하여
내가 늘상 같은 모습이라 여긴다면 어리석은 착각이다!

내가 인간에게 개입할 때엔

인간을 과거와 미래를 넘나드는 초인으로 세워 현실을 도우며 인간이 나를 사용한 질을 철저히 저울질해 현상을 발가벗겨 그 속살까지 세상에 드러낸다. 인간의 관계에서 갈등을 말끔하게 씻어 제자리에 돌려놓기도, 갈등을 조장해 때를 덧입히기도, 인간의 아둔한 머리로는 전혀 이해할 수 없는 방법으로 인간을 대법에 굴복시킨다.

내가 사물과 결합할 때엔

나의 함량을 감사해하는 인간에게는 나의 다른 이름
'영원(永遠)'을 선물하지만
나의 함량을 무시하는 인간에게는 냉정하지만 나의 다른 이름,
'영면(永眠)'을 건넨다.

'마치 신들이 허공에서 떨어뜨린'[1] 것 같은 깊은 협곡의 이쪽과 저쪽을 연결한 다리처럼 나도 인간의 이쪽과 저쪽을 연결지어 이유없는 현상은 없고 연결없는 조화도 없음을 알려준다.

인간이여...

시력(視力)을 시력(時力)으로 승격시키지 못한 채 단지 보이는 현상만으로 살려 한다면 세상살기가 어지간히 버거울 것이다. 하지만, 모두에게 공평히 허락된 신의 선물인 나를 인생의 정수리에 깊숙하게 침투시키고 결코 어디로도 새어나가지 못하도록 차단시킨 인생은 가느다란 향초가 공간의 무게를 장악하듯 자기인생을 자기향으로 장악하여 나를 충복으로 부릴 것이다. 나 또한 기꺼이 그리 되어줄 것이며...

이것이 신이 내게 부여한 명이니...

그렇다면, 인간인 너희는 주어진 모든 나을 부지런하게 다 써야만 하냐고

---

1 알랭드보통이 그의 저서 '행복의 건축'에서 발췌

내게 묻겠지. 글쎄... 나는 인간이 부지런하든 나태하든 상관치 않는다. 그저 모두에게 똑같이 나를 내어주고 얼마나 나를 소중하고 귀하게 대했는지만 심판할 뿐. 심판 역시 내게 허용된 권리이니...

누구든 내 손을 잡고 간다. 하지만, 제 아무리 바쁘게 말에 채찍 가하며 달린들 어디로 가야할 지 모르는 자와 하늘과 대지 사이, 타닥타닥 걷는 말 등에 누워 한가로이 바람맞으며 노닌다 할지라도 자신이 가야 할 길을 알고 가는 자...

누군가는 나를 지배할 것이고
누군가는 내게 지배당할 것이다.

그러니 인간이여,
초점은
나, 시간이 아니라,
너, 인간에게 있다!

―――

시간의 손을 꼭 잡고 있으면
플라톤의 이데아를 직접 그의 묘사로 들을 수 있고
에머슨의 자본주의 직강을 노트할 수 있으며
궁수(弓手)를 그리는 파올로코엘뇨를 옆에서 바라볼 수 있고 사아디의 우화 속 맨발[2]을 직접 만져볼 수도 있다.

나폴레온 힐의 연설장에 내가 청중으로 자리할 수도 있고

키루스의 신하가 되어 그의 리더십을 직접 보고 따라할 수도 있고

아우렐레우스가 전쟁통에 힘겹게 쓰는 명상록 집필을 도울 수도 있고

귀곡자를 만나 그의 처세술을 직접 전수받을 수도 있다.

달력에 매겨진 연수(年數)나

핸드폰 바탕화면에서 계속 변하는 숫자와 무관하게

나는 차원을 넘나들며 시간을 부리며 내 맘대로 사용하는데 부지런을 떤다.

내가 개미처럼 잠자지 않는 생명체도 아니기에

어쩔 수 없이 잠에 빠진 그 때에도

나는 시간에게 내 곁에 머물라 명한다.

나와 성현들 사이에 시간을 배치시키고 그 손을 꽉 잡고 있으면

찬란한 섬광의 순간! 나의 충복은 나를 정확하게 깨운다.

영혼이 빛의 속도로 내게 침투하여

내가 찾던 그 것을 휘리릭! 던질 때 정확하게 나는 깨어날 수 있다!

세상의 시간이 어떻게 흐르든

내 숫자로서의 연수가 어떻게 채워지든 이는 내 알바 아니다.

그렇게 시간이 날 지배하지 않고 내가 시간을 지배한다.

---

2 사아디의 우화 가운데 '딱한번' – 딱 한번 나는, 나의 불운(不運)을 원망하여 불평한 적이 있다. 당시 너무나도 가난하여 신발을 마련할 수 없었기에, 아린 맨발로 투덜거리며 쿠파 신전으로 들어갔다. 그 대 거기서 나는 발없는 사람을 보았다. (사아디의 우화정원, 사아디, 아침이슬)

시간이 나의 주인이 아니라 내가 시간의 주인이다.
시간이 나를 움직이게 이끌지 않고 내가 시간을 이끈다.

**나의 시력(視力)이 시력(時力)이 되고
이 시력(時力)이 지력(知力)으로 승화될 때**
나는 내가 원하는 어떤 곳에서 어떤 모습으로든 항상 존재할 수 있다. 이 연결의 훌륭한 조력자가 책 속 성현들이며 그들과 나 사이에 시간을 불러 들이는 순간, 나의 정신이 초월된 이성과 손잡고 마법을 부리기 시작한다.

시간은 내게 오면 버려지거나 소모, 마모되지 않고 쓰인다고, 재창조된다고, 그렇게 소중한 대접을 받는다고 느낄 것이다. 그래서인지 **시간은 내게 올 때** 숫자에 신비한 겉옷을 걸치고 온다. 화려한 치장으로 날 불편하고 민망하게 하지 않고 그저 내 몸에 편하고 자연스레 어울리는, 그런 기운을 입고 오는 듯하다.

그래서,
나에게 시간은
오고 가며 지나치는 손님이거나
후회나 원망, 갈망의 대상이거나
나를 어쩌지 못하게 끌고 다니는 멍에이거나
이미 당겨져 되돌릴 수 없는 화살이 아니다.

시간은 그저
나의 충복이자

매일 새벽 눈뜨며 두손 고이 내밀어 받은 감사한 선물이자
하루 종일 나와 함께 놀아주는 친구이자
여기서 저기로 날 훌쩍훌쩍 보낼 수 있는 마법의 화살이다.

그렇게 나와 시간은...
나열된 숫자를 초월하여
시공간을 넘나들며
현실, 지금에만 발을 붙이게 하는,
입체화된 내 삶의 거대한 건설사업을 함께 일구는
진정한 서로의 동무인 것이다.

'나'에 대하여
1글자에 나를 담다.

나의 경우, 집을 연구실이자 작업실 삼은 지 십수년이다. 이제 집순이를 너머 방순이 수준까지 간 나는 작년 가을 시골로 이사온 뒤로는 더더욱 앞뒷마당과 서재만 뱅뱅 돌며 하루를 보낸다. 우습겠지만 이렇게 계속 살라 해도 전혀 답답함이나 지루함없이 신나게 살 수 있다.

나는 그런 사람이다.
내 '삶'의 놀이터가 된 '터'
나의 탐구거리가 된 '앎'
최고의 장난감인 '나'로 똑같이 반복되는 일상에서 '나'를 발견하고 '나'를 찾아가는 최고의 탐색과 사유로 매일 신나는 사람.

아무튼 이런 이유로, 나를 만나려는 또는 만나야 하는, 지인들은 대개 집으로 호출(?)당한다. 자주 오는 분들은 그냥 현관비밀번호를 알아서 열고 들어와 알아서 챙겨 먹고 마시고 우리집 고양이 개리, 새나와도 친숙할 정도로 나는 '집'이 젤 좋다.

하지만 처음, '죄송하지만, 우리 집으로 오시겠어요?'라는 말을 듣는 대다수의 분들은 거의 똑같이 되묻는다. "집으로요???" "네. 혹 불편하시면 그냥 줌으로 뵈어도 되구요." 관계의 거리에 따라 다르겠지만 인간관계가 그리 넓지도 않고 '자발적 단절'로 '고요'와 '고독'속에서 '고유'한 나를 찾겠다 선언한 나라서 집밖으로 나가는 경우는 별로 없다.

"우리집에 오실 땐 아무 것도 사오지 마세요. 굳이 사오셔야 맘이 편하시다면 1글자로 된 것만 사오세요!!!" 집으로 오겠다는 분들께는 감사의 마음을 담아 늘 김칫국멘트를 먼저 쏟아내는데 나의 단호한 명령도, 부탁도, 제안도 아닌 말을 들으면 누구나 잠시 어리둥절하다가 이내 "그럼 뭐 사가요?"한다. "음… 집, 금, 땅, 차, 돈. 뭐 이런 거 아시죠? 이런 거 아니면 암것도 사오지 마세요.^^" 내 단골멘트에 상대는 의아를 웃음으로 마무리짓고 다들 각자의 스타일로 한마디씩 한다.

"비싼 케익 사오라는 거죠?" - 고급진 걸로 날 꼬드기려나?
"장난치지 말고 말해요. 뭐 사가요?" - 내가 아직 신뢰를 못 줬나보다.
"뭐라도 사오라는 말로 들리는데?" - 음. 자기 맘대로 생각하다니!!!
"알았어요. 그 중에 하나 사갈께요." - 진짜? 설마?????
(실제 어떤 분은 진짜로 차를 사오셨다. 차(car)말고 차(tea).)
"알았어요! 암것도 못사가니 '**맘**'만 갖고 갑니다." - 캬~ 이거다!

여하튼 내가 던진 멘트는 다양한 사람들의 다양한 반응 덕에 자꾸만 기대되고 재미나진다. 아무 부담없이 그냥 편하게 빈손으로 오시라는 내 말의 의미를 바로 알아챘음에도 간혹 재치있는 몇 분은 귤, 김, 떡, 빵, 심지어 회를 사오기도 하니 정말 재미진 놀이가 아닐 수 없다. 누군가는 현관에 들어서자마자 왼쪽 가슴에 손을 넣었다 빼면서 손가락에 하트를 날리며 "맘!입니다!"하기도, 또 누군가는 "나! 선물로 드릴께요!"하기도, 또 누군가는 악수를 청하며 "손! 괜찮죠?"한다. 아! 진짜 최고의 센스는 한 여성지인의 멘트였는데 대화를 나누고 헤어지면서 현관에서 이러셨다. "신! 그냥 두고 갈께요! 요즘 유행인데 교수님 없으시죠?" 자기는 차안에 예비용신발이 있다면서 신고 온 신을 그냥 두고 가셨다. 이쯤하면 1글자 집놀이는 단순한 재미를 너머 만남을 더 신나고 더 즐거운 에너지로 부추기는 최고의 소스가 분명하다.

글자 하나로
사람이 드러나고
감각이 느껴지고
소통이 편해지고
재미가 더해진다.
하나의 묘하고 독특한 '수(手)'가 전체를 움직이는 '힘'이 된다.

생활 곳곳에서 발견하는 1글자의 재미 덕에 나는 2020년 출간한' 리얼라이즈'에 '성공'을 위한 1글자로 된 10가지를 나열하기도 했다. **뜻, 꿈, 책, 땀, 벗, 촉, 틀, 돈, 격, 운**이 그것이다.

내가 1글자를 좋아하는 이유는
언어에는 어원이 있다. 어원에는 소소함이 모여 방대해진 삶의 어떤 현상에 대한 정체들이 조합되어 언어로 가시화되기 이전, 그러니까 호모 사피엔스로부터 진화한 인류의 역사를 대변하는, 공동체로서의 함축된 삶의 뿌리가 녹아져 있다. 언어는 단지 활자의 조합을 너머 삶을 표현하는 수단인데 여러 개가 아닌 단 1개의 글자에 의미의 방대함을 담았다는 것에서 나는 1글자를 좋아한다. 1글자 안에 얼마나 엄청난 의미가 담겨 있을까.에 대해 난 혼자 감탄할 때가 종종 있다. 1글자에 삶이 담기고 삶에 인간이 담기고 인간에 우주가 담기고... 그렇게 **1글자는 내게 우주처럼 크다.** 놀랍다.

이 참에 나는 1글자로 나를 드러내볼까 싶다.
나의 자세의 기준으로 삼는 1글자는.
격, 결, 곁.
나는 '격'있게 나이드는 '결'이 고운, 그래서 늘 '곁'에 두고 싶어하는 사람이고 싶다. 나의 상대도 '격'이 있는 '결'이 나와 같은, 그래서 늘 '곁'에 머물고 싶은 사람이면 좋겠다.

잘못 놀렸다가는 엄청난 화를 입을 지 몰라 몸사리는 1글자는
눈, 말, 손, 혀, 위, 발, 뇌.
말이 많고 다소 감정적이어서 내 모든 걸 담아 드러내는 '눈'과 '혀'를 조심하고 '말'을 삼가야 하며 습진과 위염은 내가 달고 사는 고질병이라 '손'과 '위'에 각별히 신경을 쓴다. 또한 1일 만보가 습관이 되어 버렸으니 '발'은 그 어떤 것보다 감사한 보물이며 지금 나는 공부중이라서 결코! 절대! 네버! 치매는 안된다. 그래서 '뇌'는 특별관리대상이다!

내가 누구에게든 주고 또 받고 싶은 1글자는
책, 글, 혼, 정.
'책'을 읽는 양이 쌓이면 대개 '글'을 쓰게 되고 '글'에 '혼'을 담기 위해 더 사

람들과 '정'을 나누고 이어 더 '책'을 깊게 파고들어 더 농도짙은 '글'이 나오고... 이 순환이 참 좋다. 이 넷은 참으로 위대한 조합이다.

내가 바라보고 또 바라보고, 찾아가고 또 찾아가는 1글자는
해, 달, 별, 강, 숲, 꽃.
새벽독서 수년째인 나는 늘 '해'보다 먼저 일어나 '해'를 마중하는데 가끔 깜빡 귀가시간을 놓친 '달'을 만나면 참 반갑다! [아카바의 선물][1]을 읽은 후로 나의 '별'을 찾아 나누는 대화는 진짜 나만 아는 오롯한 기쁨이며 '강'이 내려다 보이는 마당넓은 집에 '꽃'을 잔뜩 키우고 살고픈 바람대로 작년 가을 나는 '강'이 내려다 보이지는 않지만 걸어서 5분, '꽃'이 만발하고 '숲'으로 둘러싸인 '강' 옆의 이 곳으로 '터'를 옮겼다. 여기에 하나 더 '창'. 통창을 선호하는 나의 바람이 우연을 만나 지금 나는 '숲'으로 둘러싸여 '꽃'이 보이는 '창'이 길고 넓은 서재에서 집필중이다. 지금 5월, 여기엔 '꽃'도 있고 '씨'를 뿌린 녀석들은 '땅' 위로 '흙'을 뚫고 '싹'을 보이고 있다.

내 삶의 결을 담은 1글자는
길, 물, 빛.
'어떻게 살다 갈거냐?' 내게 물을 때 내 '길'을 만들며 살 것이라고,
'왜 그리 살려느냐?' 물으면 난 이름도 심지주(洀), 강물원(沅).
'물'처럼 흐름대로 살기 위해서라고.
나는 그저 내 '길'을 내며 '물'처럼 살고 싶다.
'삶'은 그렇게 '밤'이 가면 '낮'이 오고 '낮'이 가면 '밤'이 오는
자연스러운, 자연닮은, 자연과 함께 하는 것이 아니겠냐고.

---

1 아카바의 선물, 오그만디노, 학일

그렇게 나의 삶이 누군가에게 '길'이 되고 그 길을 함께 걷는,
'빛'처럼 반짝이는
우리가 걷는 길은 '우유의 길²'이라 믿는다.
신들이 걷는 우유의 길.
인간은 모두가 자기 안에 반짝이를 담고 있다.
그렇게 평범한 내가, 우리가 함께 걷는 길은 지상의 은하수인 것이다.

내가 추구하는 삶의 방향을 담은 1글자는
앎, 삶, 얼, 운, 맛, 맥, 핵, 싹, 신, 촉, 즙, 멋, 영, 수.
'어떻게 살고 있니?'라고 물으면 '앎'과 '삶'을 연결하는 화살표로 살고 있다고 자주 말한다. 난 그렇게 배운 것, 배워야 할 것을 '삶'으로 날카롭게 이어가고 있다고. '삶'이라는 거대한 시선에서 날카롭게 실천하며 살고 있다고. 그렇게 '길'을 내고 있다고.

'왜 그렇게 지독하게 사니?'라고 물으면
그래야 '운'이 '별'처럼 쏟아져 내 인생의 '맛'이 제대로이지 않겠냐고,
그래야 산에도 산맥이, 물에도 수맥이 있듯 인간인 삶에도 '맥'을 깊고 길고 넓고 선명하게 낼 수 있지 않겠냐고,
그래야 내 생명의 '얼'이 단단해져 '얼'빠진 인간은 안 되지 않겠냐고,
그래야 '얼'의 기운으로 우주에 적합한 생명의 '핵'이 되지 않겠냐고,
그래야 그 '핵'이 '싹'으로 발아해 지속, 확장, 영원으로 이어지지 않겠냐고,
그래야 날 창조한 절대자, '신'에게 그나마 떳떳하지 않겠냐고,

---

2 우유의 길 : 제우스가 아기였던 헤라클레스에게 잠든 헤라의 젖을 물리자 그 때 헤라의 젖이 뿜어져 나와 젖빛의 길, 그러니까 은하수라 불리는 우유의 길이 만들어졌다는데 이 길의 양쪽으로 주신(主神)들의 신궁이 줄지어 있고 이들은 이렇게 모여 살며 세상을 이치로서 다스렸다.

그러니 '신'이 날 탄생시키며 명한 바를 전해줄 나의 영혼의 자극, '촉'이야말로 나의 주인이 아니겠냐고,
그러니 하루의 '즙'까지 짜내어 사는 것은 당연하지 않냐고.

이런 삶이야말로
'멋'을 품은 삶이 아니겠냐고...
내가 바라는 '영(0)'에서 '수(數)'를 창조하는 삶이 아니겠냐고...

정신의 물질화.
무형의 유형화.
상상의 현실화.
관념의 현시화.
이상의 구체화.

마지막으로 내가 책임져야 하는 유일한 1글자는 바로 '**나**'다.
나는 살아서도 꼿꼿하게 세상 유일한 '**나**'로 살고프다. 이런 이유로, 어줍잖은 '꾀'로 내 '**꼴**'에 분탕질하는 짓은 하지 않으며 어디로 '열'을 내고 '흥'을 돋궈야 할 지 매사에, 모든 것에 나는 깐깐하다. 그래서 단순하고 간단하다. 이런 '**나**'라면 세상에서 만나는 수많은 '**너**'에게 그저 닮아도 좋은 사람이지 않을까.

내가 바라는 나는
닮아가도 괜찮은 사람
어울려도 안전한 사람

보여져도 투명한 사람
손잡으면 더좋은 사람
함께여서 감사한 사람
그런... 어른이다...

이런 '생'이라면 '벌'이 아니라 '상'이 아닐까 해서...
이것이 '신'이 이제껏 내게 '숨'을 허락한 '뜻'이 아닐까 해서...

감정이 각도를 잃으면
정신은 온도를 잃는다

읽고 쓰는 이들을 위한 지담의 인문학 에세이
책, 글, 삶에 대하여 - 이성편

초판 1쇄 인쇄 : 2025년 11월 07일
초판 1쇄 발행 : 2025년 11월 10일

글 : 김주원
그림 : 이화정
디자인 : 정근아

출판사 : 건율원
출판등록 : 신고번호 제 2024-000026호
주소 : 경기도 양평군 청운면 청운삼성길 64-15
전화 : 010 9056 9736

(C) 김천기, 김주원, 이화정, 정근아 2025

ISBN : 979-11-989986-4-4 (03800)

* 이 책의 전부 또는 일부 내용을 사용하려면
  반드시 저작권자와 건율원의 동의를 받아야 합니다.
* 인쇄, 제작 및 유통상에서 발생한 파본 도서는 구입하신 서점에서 교환가능합니다.
* 단체주문을 원하시는 분은 건율원에 문의주시기 바랍니다.